Rolf Friedrich Schuett

Nächtliche Streichhölzer

Aphoristischer Nonsens und Wirrwitz

ROLF FRIEDRICH SCHUETT

Nächtliche Streichhölzer

Aphoristischer Nonsens und Wirrwitz

Books on Demand

Bibliographische Information Der Deutschen Bibliothek:
Die Deutsche Bibliothek verzeichnet diese Publikation
in der Deutschen Nationalbibliographie; detaillierte
bibliographische Daten sind im Internet abrufbar über
http:// dnb.ddb.de

Copyright © 2017 Rolf Friedrich Schuett

2. überarbeitete und erweiterte Auflage

Herstellung und Verlag :
BoD – Books on Demand, Norderstedt

Gedruckt auf alterungsbeständigem Papier
(holz- und säurefrei)

Umschlaggestaltung : E. L. Schmidt

Printed in Germany

ISBN 978-3-7392-4182-1

INHALT

7   Gedanken eines Diplom-Rentners
    Aphorismen zur Lebensgewohnheit

84 Die Zertrennlichen

102 Zwischen Duell und Duett

103 Die Unvergänglichkeit der Vergangenheit
    Vortrag eines Alt-Heideggerianers

108 Kurzer Abriss der Menschheitsgeschichte

115 Vortrag eines orthodoxen Alt-Freudianers

Für Elke

Gedanken eines Diplom-Rentners
Aphorismen zur Lebensgewohnheit

Dass wir fast alles oder nichts bekommen,
bekommt uns gar nicht.

Mehrheiten machen Revolutionen,
(geschützte) Minderheiten verfälschen sie.

Nächtliche Alpträume korrigieren Tagträumer.

Wer hinfällt,
sollte wenigstens zu Sternen aufgeschaut haben.

Wer den Wal für einen Fisch hält, hat auch
eine eigene Meinung und ist kein Herdenvieh.

Christi Geburt ist alljährlich nach 2000 Jahren
noch immer ein Bombengeschäft.

Schenk niemandem Glauben,
dem du ihn auch verkaufen kannst.

Ich kritisiere, dass meine Konsumkritik so mitkonsumiert wird, aber auch das wird mir abgekauft.

Der fiktive Nutzen der Neurotechniken verstärkt den realen Dachschaden der Beglücker und Beglückten.

Der gute Wille macht weder Misserfolge
noch böse Folgen oder Motive wieder gut.

Das Hauptwerk des Ewigen ist auch ein totaler
Verriss unserer Bücher und Zeitungen.

Arbeit macht kaputt, Trauerarbeit macht depressiv,
Arbeitslosigkeit macht krank, kaputt und depressiv.

Wie meine vertriebene Zeit vergeht!

Ein gutes Gewissen ist schlecht,
ein schlechtes ist gut : Nichts ist gewisser.

Die Bibel wird kaum noch gelesen,
weil sie die Deklaration der Menschenpflichten ist.

Der Individualist besteht auf freier Herdenwahl.

Kampf vereint, Friede entzweit, man meide beides.

Der Ewige geht über alles hinaus,
weil nicht hinweg.

Kultstatus hat oft die stati(sti)sche Kulturlosigkeit.

Weder Larochefoucauld noch Lichtenberg würden
heutzutage den Literaturnobelpreis bekommen.

Zivilisation ruft : „Richtschwerter zu Richtlinien!"

Machtzentren schaffen Kulturzentren ab oder an.

Gewissheit braucht Beweise,
Skepsis nur ein Gegenbeispiel.

Was als Aphorismus nicht überreden kann,
wird auch als Abhandlung nicht überzeugen.

Konventionen sind selten Konsens, sondern einige
kommen überein, die Normen aller zu übergehen.

Saufen wegen Sorgen führt
zu Sorgen wegen Saufen.

Es ist Sitte und Brauch, Sitten und Gebräuche
sittlich brauchbar zu nennen.

NB : Apotropäischer Uroboros

Familienbande sind heut in Gangsterbanden stärker.

Fabrikarbeiterlungen sind die besten Schadstofffilter
für Mittelstandslungen.

Durch Schaden wird man klug;
deshalb nutze ich anderen gern.

Gute Erfahrungen nennt man,
was man aus schlechten gelernt haben will.

Auch mangelnde Standfestigkeit
führt zu aufrechtem Gang.

Leibhaftiger Geist zieht es vor,
sich von Leib und Leben zurückzuziehen.

Man setzt dem Forscher die Pistole auf die Brust:
„Wissen oder Machen oder Leben!"

Mancher ist so verrückt zu glauben, dass er andere
verrückt macht oder sie ihn verrückt machen wollen.

Lange Leitung, kurze Anleitung.
Welcher Herr kann dem Knecht folgen?

Das Waldsterben kommt auch von den vielen
Büchern darüber. (Waren Bücherverbrenner
Umweltschützer der ersten Stunde?)

Was dein Leben nicht durch Umwege des größten
Widerstandes verlängert, ist nicht halbwegs Kultur.

Jeder Bastard ist von ältestem Adel: Adam und Eva.

„Seher" : Betriebsblinde, die auf Macht schielen.

Befehle: Verfehlungen oder Fehler, die nichts lernen

Wer zu nichts gut ist, gilt schon als guter Mensch,
wenn ihm nicht so gut ist.

Wer gegen amtliche Freisprüche Berufung einlegt,
ist noch kein begnadeter und begnadigter Christ.

Wer sein Weltbild fertig hat,
schreibe Aphorismen dagegen.

Nur Dummköpfe werden aus der Welt schlau.

Dass etwas ein Geheimnis sein soll, muss vor allem
geheim gehalten werden. Etwa durch Offenheit.

Gib keine Ratschläge und nimm keine an,
selbst wenn sie schlecht sind.

Am gleichen Strang zieht jeder den Kürzeren.

Bekanntenkreis : aufgeblähter Gesichtspunkt.

Einmaleins ist beliebig groß, sagt der Richtigtuer.

Wer nicht aus Eigennutz sozial ist, wird es nie.

Ich kann euch nicht ins Gesicht sehen : Folgt mir!

Gesellschaft : Quadratur des Unbekanntenkreises.

Ans Vaterland Geschwemmtes schwamm
gegen keinen Strom und Windstromerzeuger.

Auch freie Marktwirtschaft
wird planmäßig betrieben.

Freiheit 2020 : Selbstverwirklichung als Ameise.

Am Korpsgeist scheiden sich die Leiber,
am Körper die Entgeisterten.

Was guten Glaubens ein ungutes Gefühl macht,
ist gute Gedankenduselei.

Nicht leben zu können, hat den Zweck,
die Lebensmittel zu heiligen.

Die einen schenken dir das Leben,
die anderen verkaufen dir die Lebensmittel.

Sauberer Aufstieg : Durch Gewäsch
vom Tellerwäscher zum Gehirnwäscher.

Ein aufgeblähter Zeitpunkt : keine kleine Ewigkeit.

Geist gilt als das menschlichste Sinnorgan.

Der Aphoristiker hat (in) der Welt so wenig
zu sagen, dass er uns kurzhalten muss,
um weiterzukommen.

Erst kommt das Fressen geistiger Nahrung,
dann der Leibhaftige.

Sag in einem Satz mehr, als andere in einem ganzen
Satz von Büchern nicht lesen.

Der Mensch stammt ab vom Affen,
der Unmensch vom Schweinehund,
der Mitmensch vom Goldhamster

Melancholiker verlieren nie ihren Humor,
Feiglinge nie den Mut, Dumme nie den Kopf.

Froh wird man dort, wo man viel auszulachen hat
oder keinen Humor braucht.

Aphorismen lassen sich nicht nur aus Essays
pflücken, sondern auch aus moderner Lyrik.

Unerträgliches trägt am sichersten.

Die besten Zitate halten uns zum Besten, verunsichern eher Experten, als Ignoranten zu belehren.

Satire : Gemeinte fühlen sich nie getroffen,
und Betroffene waren selten gemeint.

Gespräche vertiefen ein Thema, um es zu begraben.

Selbst von einem Goethe blieb nicht viel mehr als
der faustische Drang des Götz von Berlichingen.

Das lobende Land ist ersehnter als das gelobte.

Überall sind die Bösen schlecht.
Hier auch oft die Besseren.

Der Mensch bedroht viel größere Tiere
und wird von viel kleineren bedroht.

Schon die Bäume der Erkenntnis wuchsen
uns immer über den Kopf, nicht erst ihr Sterben.

Abstrakte Malerei veranschaulicht kein abstraktes
Denkvermögen, sondern konkretes Bankvermögen.

Witz an der Ma(s)che. Das fünfte Fahrrad
am Ballastwagen sollte diesen ersetzen.

Ganze Einsichten bestehen aus geteilten Ansichten.

Das Neueste an diesem Land ist die Entdeckung,
dass es auch eine Tradition hat,
die nicht ins und zum KZ führte.

Auch der aufrechteste Gang endet täglich im Bett.

Heißt Homer lesen blind werden für Asterix?

Träumen ist, wenn man trotzdem wacht;
Theorie ist, wenn man Machern trotzt.

Spruchlandung : Ein Aphorismus kommt an.

Erhebender Zeigefinger. Der Rechtsweg des größten
Widerstandes gegen Rechtswege ist die Faust.

Der Aphoristiker, ein Fürsprecher der Widersprüche, macht größere Sprünge in kleineren Sätzen.

Nächtliche Zündhölzchen

Der Mündige hält den Mund und schreibt.

Nichts als Bonität ist besser als gar nichts.

Arbeitgeber : Diebe, die uns die Tagesruhe rauben.

Reiter machen Prinzipien zu Steckeneseln.

Der unfreie Wille wäscht nun sein Hirn in Schuld.

Richtige Feministin : kleine Unterschiedsrichterin.

Klappe gehört zum Mundwerk,
doch halt lieber dein Wort als deinen Mund!

Lass dich nicht treiben von übertriebenen Trieben
und durchtriebenen Umtrieben!

Ab- und Zuneigungen sind auf der schiefen Bahn.

Macht es allen recht, macht alle ungleich,
denn Guthabenichtse sind Rechthabenichtse.

Schreiende Gerechtigkeit. Wer im Geiste mitbombt,
sprengt den Rahmen seines Weltbildes.

Leistungs- und Geheimnisträger können nicht auch
noch Risiko, Kosten und Verantwortung tragen.

Kopf: Seh-, Steh-, Bank-, Denkvermögensverwalter

Überall sind Trottel die Dummen. Auch gescheite.

In dieser Demokratie bist du in erdrückter Mehrheit
oder erdrückender Minderheit.

Wer ist dem Stammbaum der Selbsterkenntnis
denn gewachsen?

Sagt man dir bescheidenen Rentenbescheid,
weißt du auch Steuerbescheid.

Man nimmt erst teil, dann Anteil,
dann seinen Anteil und dann den Hut.

Urteilsvermögensbesteuerung heißt Erfahrung.

Dein Lächeln ist so entwaffnend
wie meine Entrüstung abrüstend.

Linke suchen nun Sklaven
durch unterhaltsame Befreiungstheorien zu fesseln.

Friede herrscht wie Freiheit – ohne Alleinherrschaft.

Wer die Hose und den Hals nicht vollkriegt,
nimmt sich für voll und den Volksmund zu voll.

Höchste Begriffe: beispiellose Verallgemeinerungen

Gesellschaft : Die Leidenschaften der Körperschaften sind die Bangemachenschaften der Seilschaften.

Kapitalismus ist Religion, die uns habselig spricht;
Glaube ist ein Kapital, das uns armselig spricht.

Ein Wortschatz, den niemand sucht und vergräbt,
ist am sichersten.

Wie die Welt deine Weltanschauung anschaut,
so schaut sie aus.

Ich bin nicht käuflich, weil ich zu viel koste.

Zum Glück fehlt mir für Weltbeglückungsformeln
nur etwas Glück und Unglück.

Unter die Lupe genommen wird alles größer
und kleiner zugleich.

Welche Frau liebt und hasst im Mann
ihre schlechtere Hälfte?

Die bessere Hälfte: oft der schlechtere Ehebruchteil.

Nur Menschen können sprechen, nur sie können ihre
Gedankenlosigkeit nicht verbergen.

Wer hält Gottvater für einen zölibatären Hagestolz?

Entweder ist der Herr ein Mensch und sein Knecht
ein Vieh oder der Sklave ein Mensch und sein Boss
ein Gott.

Sei lieber zu gut für diese Umwelt als noch besser!

Ich bin klein, da ich lieber groß sein als werden will.

Ich spreche nicht aus Erfahrung,
sondern aus Erfahrung nicht.

Jeder ist so wichtig, wie er nicht tut und sich nimmt.

Grundlos etwas zu tun, scheint der tiefste Grund,
und grundlos froh zu sein, ist der beste Grund.

Einen ganzen Wahn erkennt und verkennt man
daran, dass so viele ihn teilen oder zu wenige.

Stell dich oder die Zeit auf den Kopf,
geh mit der Zeit, sonst vergehst du mit der Zeit!

Der Mensch hat den sechsten Unsinn im Kopf
gegen seine fünf Sinne, den Frohsinn, Leichtsinn,
Eigensinn, Trübsinn und Starrsinn.

Wer nicht mehr zählt, zählt seine Jahre.

Schlag die Zeit tot, die mit der Zeit dich totschlägt!

Hauptstraßen werden geradewegs Sackgassen,
doch Holzwege oft nur kultivierte Umwege.

Im Leben wünsche ich mir zuweilen mehr Friedhofsruhe und fürs Grab häufiger ewiges Leben.

Mit Vergnügen verzichte ich auf Vergnügungen!

Wer mag Leseratten, aber Bücherwürmer
sollen mich mal zum Fressen gern haben.

Ein Leben geht nicht von geistlosen Begeisterungen
zu entgeisterten Lebensgeistern, sondern kommt
von leibhaftigem Geist zu geistlosen Leibern.

Man wird zusehends dümmer und wegsehend klüger

Ähneln die zahnlosen Unsterblichen eher Babys
oder Greisen, und leben Reiche immer wie Babys,
Arme wie Greise?

Der Weise sitzt zwischen allen Lehnstühlen
im Sessel in der Tinte.

Optimisten erkennen zu wenig, Pessimisten zu viel.

Reicht der Verstand, um der Vernunft zu genügen?

Nachts hat man gern einen Platz am Mond
oder an der Heizsonne.

Lustschlösser sind schwerer zu erbauen,
doch leichter abzubauen als Luftschlösser.

Dialektik lässt drei gerade und zwei ungerade sein.

Der Wille ist unfrei, weil er an der Kausalkette zieht
und nicht Leine.

Neinsager schütteln heute die Kopflosigkeit
(und ihre Kopflastigkeit ab).

Mein Stammbaum geht auf den ersten Baum zurück,
nicht auf den Schlagbaum der Selbsterkenntnis.

Es gibt keine „neue Unübersichtlichkeit".
Die alte ist noch unübersehbar.

Patchworks, Pastiches und Pasquills

Kann ein Geistesheld Bastard ohne Ahnen sein?

Kurze Beine, lange Finger. Darf man im Himmel
endlich ungestraft lügen und betrügen, und muss
man in der Hölle bei Strafe wahrsagen?

So viele diverse Leute haben dieselbe Ab-
und Ansicht, wie ich diverse Einsichten habe.

Franzosen wahrsagen bei Wein, Briten
beim Weinen, und Deutsche irren bei Bier.

Wer kann unterscheiden, was wahr ist
und was uns von allen geglaubt wird?

Urbilder von Platons Philosophenkönigen : Affen.

Ein schlechtes Gedächtnis genügt wahrlich nicht zur Wahrheit und ein gutes nicht für falschen Charakter.

Einmal mir die Zeit zu stehlen, bleibt sträflich ungestraft. Aller guten Dinge sind dreizehn.

Personen und ihre Porträts haben oft gemeinsam, dass sie schlechter sind, als sie aussehen.

Künstlerische Freiheit ist die Fähigkeit, Musendiktate zu verhunzen oder zu korrigieren.

Arbeit, die anfiel, war der Sündenfall im Paradies.

Abhängige schenken mehr als Großzügige.

Dem Neurotiker rutscht das Herz in die Hose, wenn ihm das Geschlecht zu Kopfe steigt.

Es gibt nur Glück im Unglück,
das sich nicht als Pech im Glück sieht.

Gebildete lassen sich nur durch Papier binden
und fesseln.

Die Wissenschaft des Möglichen ist als Religion
der Realität die Kunst des Unnötigen.

Ein Autor träumt davon, Bestseller zu schaffen, ein
Erfolgsautor aber nie davon, Künstler zu werden.

Dies ist das Volk der Dichter und Denker.
Die schlechtesten werden gedruckt und gelesen.

Hat nur dein Gehirn Schuld an deiner Schuld?

Selbst kostenloser Sündenablass leerte die Kirchen,
sogar noch schneller.

Mutter Natur und Mutter Kirche rennen den Menschenkindern hinterher, die ihr den Hintern zeigen.

Wer oder was sich selbst lächerlich macht,
schreibt oder braucht nicht Aphorismen.

Auch heute erreicht man, dass Bücher nicht gelesen werden. Man verbietet sie einfach nicht mehr.

Eine Schwäche für fremde Schwächen
muss noch nicht Liebe sein.

Der aphoristische Simpel komprimiert Komplikationen, ohne dass er Komplize seiner Komplexe wird.

Steter Wechsel zwischen Himmel und Erde
und Hölle erfreut als Paradies.

Schreckt Folterstrafe mehr ab als Todesstrafe?

Man bringt sich anders in Erinnerung,
als man sich erinnert.

„Ganzheitliches Denken" ist halbherzig. Das große
Ganze ist weniger als jeder seiner Teilnehmer und
durch Anteile zu ergänzen, die nie aufs Ganze gehen

Nietzsche war ein Genie, das von Stümpern verlegt
wurde; ein Bestseller ist ein Quark, der von Genies
verkauft wird.

Der Aphoristiker fasst sich kurz
an die lange Leitung des Lesers.

Elementar. Es gibt Wasser- und Feuertaufe,
Lufthochzeit und Erdbestattung.

Einige nagen schon am eigenen Leichentuch,
andere kehren den Ozean unter den Ölteppich.

Das ewige Leben reißt uns nicht die Totenmaske
vom (zweiten) Gesicht.

Will man nun auf und unter die Fahrräder kommen?

Die Grabinschrift eines Autors
ist sein Werksverzeichnis.

Ich bin, auch geistig, so gesund,
dass ich sterbende Bäume ausreißen könnte.

Unterscheiden wir uns durch unsere Schwächen
stärker als durch unsere Stärken?

Reiche halten große Stücke auf Arme
und von Armen.

Unehrlich wehrt sich am längsten.

Christus nahm uns die Sünden ab.
Die Kirche erlegte uns die Bußen auf.

Spazierengehen gilt schon als Autoimmunkrankheit.

Wer nicht nur Rollen spielen will, spielt gar keine.

Denken kann man nur gegen die Überlebensmittel.

Wer Angst hat, ist unsicher;
wer keine hat, ist ungesichert.

Konstruktivismus : Realismus der Konstrukteure.

Junge und Alte verraten stets ihre einstigen Ideale.

Der Mensch untertrifft oft die feigsten Erwartungen.

Die Übertretung der Zehn Gebote bestraft sich
selbst. So steht es in der Bedienungsanleitung
der Schöpfung, verfasst vom Produzenten selbst.

Fehlerfreie Verfehlungen auf Befehl:
unfehlbar perfekte Verbrechen.

Wer sich immer neu selbst erfinden will,
sucht immer noch das *perpetuum mobile*.

Sich Gedanken zu machen, ist die effektivste Praxis.

Leutselige Leute sind noch keine Leutheiligen.

Reiche haben nur viel mehr Schulden als Arme.

Die Armen, die wir in der ganzen Welt
erzeugt haben, flüchten sich zu uns.

Vorurteile haben Nachteile, Hintergründe neben
Bestandteilen auch Hinterteile von Hintermännern.

Der Arme muss gut sein,
damit es der Reiche gut haben kann.

Den Körper verwenden wir dazu, das Köpfchen
zu verschwenden, unseren Geist aber dazu,
dem Leib zu schmeicheln.

Was alle denken, ist ebenso irre wie das,
was nur einer denkt.

Alle Fahrräder stehen still, weil´s des Armen Arm
so will : Keine Au토räder stehen still,
weil kein Arm und Bein es will.

Wer Schmerzen gut überstehen kann,
setzt sich ihnen nicht aus; meist opfern sich jene,
die es nicht können.

Herrlich dämlich. „Gottvater" machte den
Atheismus zu einer Form des Feminismus.

Kopf hoch in die Tiefe geschaut,
und nicht mit den Füßen zuerst in den Himmel!

Mit Versteckbrief gesucht. Bosheit entstellt selbst
die besten Leute und Dummheit die klügsten o. u.

Sitzfleisch haben nur Köpfchen (und Suffköppe).

Wer Lesefrüchte isst, bewundert nicht ihre Blüten.

Aufrechter Gang ist keine Sache leerer Säcke.

Das Glück der Erde liegt auf dem Rücken zu Tode
gerittener Steckenpferde, die jeden Schinderkarren
aus dem Dreck ziehen.

Der eine hat Köpfchen, der andere Geist.

Kaufenichtse sind Taugenichtse, den haushoch
überlegenen Arbeitsbienen himmelhoch überlegen.

Die Würde des Übermenschen ist eine Bürde
für den Menschen.

Die Würde des Menschen ist keine Hürde
für den Unmenschen, doch sprengt den Rahmen
seines Herzens.

Unvergesslich bleiben nur die Riesenschuldner.

Das Verwunderlichste ist, dass man sich über so
viele Wunder so wenig wundert.

Geistesgegenwärtige sind der Vergangenheit weiter
voraus als hinter der Zukunft zurückgeblieben.

Der primitive Urahn fernster Nachfahren sieht sich
als überlegenen Erben fernster Vorfahren.

Gezahlt wird gern mit Schmiergeld oder Fersengeld.

Geld spielt eine Rolle, doch bei Reichen weniger
als bei Geistreichen.

Taugenichtse sind oft Habenichtse, die selbst Schuld
haben, dass sie nicht mal viele Schulden haben.

Als gut gilt, wem es viel weniger gut geht
als dem Schlechteren.

Wer mehr Zeit als Geld hat,
hat meist noch mehr Geld als Geist.

Gott ist Geist, der Mensch ist nur Gold wert.

Wer genug Angst hat nicht nur vorm Geld anderer,
ist fast ein Geldscheinheiliger.

Geldmangel verdirbt einem die Charakterlosigkeit.

Zeitgemäße Ethik wurde nachträgliche
Rechtfertigung des technisch Möglichen.

Der Ewige ist ein strenger Lehrer : Er lehrt
nützliches Wissen und bestraft blinden Glauben.

Versucht im künstlerischen Bluff ein Geschöpf,
durch Schöpfungen seinen Schöpfer zu verblüffen?

Die Metaphysik gilt nur noch als Metasprache
einer metastasierenden Geisteskrankheit.

Der Aphorismus ist ein Gegensatz in *einem* Satz
oder mehrfacher Widerspruch in *einem* Spruch.

Descartes? Ich denke in wachsendem Maße,
ich bin meinen Gedanken nicht gewachsen.

Vorurteile schützen vor sozialer Verurteilung.

Der Böse gibt sich als Guter, nur nicht im Karneval.

Gotteserkenntnis ist kein Glaubensbekenntnis,
Lebensweisheit aber meistens Aberglauben.

Auf- und Ausstieg : auffälliger als Ab- und Anfall.

Aphorismus : Kurzurlaub von geistiger Arbeitszeit.
Ein Aphorismenband ist eine erschreckende Fülle
von schrecklichen Vereinfachungsangeboten.

Wer als Individualist anerkannt sein will
und deshalb Herden anerkennt, ist keiner.

Als die Welt erschaffen war, begann die erschöpfende Abschöpfung erschöpfter Mehrwertschöpfer.

Im Alter will das Gedächtnis nicht mehr,
das Denken wollte nie.

Papierkrieg ist Doktorvater aller krummen Dinger.

I T : Bedeutende Kommunikation
über Unbedeutendes.

Man gibt allen wenige Güter,
aber wenigen alle Güte.

Unentbehrliche Entbehrungen. Man jammert hier
nie auf höchstem, man jubelt auf niederstem Niveau.

Auch bei Tieren spricht man mehr von Losung
als von Lösung, Erlös(ung) und Loslösung.

Jugend und Alter haben stets erneuerbare Energielosigkeit gemein.

Künstlerische Versinnbildlichung des Ideals
ist kein praktischer Kompromiss mit der Realität.

2500 Jahre nach Sokrates verdirbt und vergiftet
die Philosophie nicht einmal mehr die Alten.

Wahre Liebe verbindet deinen und meinen Alltag
zu alltäglicher Ehe.

Der Idealist ist oft besser (dran) als seine Idee,
der Materialist schlechter als seine Börse.

Die Lust verdammen heißt unter Protest genießen.

Sein und Zeit? Heideggers *Sorgen* möchte ich haben

Arbeitsscheues widersteht mußescheuem Gesindel.

Wer das Denken eher globalisiert oder regionalisiert
als familiarisiert, hat es eingestellt.

Sehschärfe schärft noch nicht den Blick
für Sehenswertes und Unsichtbares.

Ein freier Mensch macht sich oft abhängig
von etwas, das ihn frei gibt und hält und spricht.

Wer aus dem Schönen das Schlimmste macht, wird
aus Grundschlechtem nicht das Erstbeste machen.

Neuzeit : Unerklärliche Kriegserklärungen,
sorgfältige Nachlässigkeiten von Gelassenheiten.

Richtet man unbegründet zu Grunde,
wem man gründlich auf den Abgrund geht?

Wenn Gegensätze und Widersprüche sich nicht bloß
ergänzen, entstehen Aphorismen.

Der fortschrittliche Mensch wird immer toleranter.
Andere interessieren ihn immer weniger.

Vom Tagwerk zum Lebenswerk. Man *wird*, um bald
zu *sein*, und *ist*, um noch schneller *gewesen* zu sein.

Ein Rentner muss sich nicht rentieren, hat aber die
Aufgabe, sich ohne (Auf-)Gaben nie aufzugeben.

Machtkonzentration rechtfertigt sich gegen Gewalt-
ausbreitung, und auch umgekehrt.

Wer frisiert seine Lebensbilanz, ohne sie zu ziehen?

Wir wollen weniger Unannehmlichkeiten
und sollten weniger Annehmlichkeiten haben.

Aphoristik ist die Kunst, für weniger Worte mehr
Geld zu bekommen, doch mehr Geist zu fordern.

Häufige Themenwechsel sind keine Prothesen
für einen ganzen Band aphoristischer Antithesen.

Einstein bewies, dass für jeden Mobilen auch seine
Uhr anders geht, nicht nur die Zeit anders vergeht.

Beziehet euch aufeinander bzw. gemeinsam
auf etwas Anziehenderes als Bettbezüge!

Gesellschaftsschichten zeigen
die von den Verlierern geschriebene Geschichte.

Zu Anfängen gibt's Anwürfe, die das Ende bedeuten

Auch *Postmoderne* hat die Post nicht modernisiert
und ist längst fossil versteinerte Prähistorie.

Aphoristiker sind die letzten Systematiker. Sie systematisieren sich selbst in allem, was sie bereden. Nur sie behandeln methodisch, allein von sich aus, alle denkbaren Themen enzyklopädisch umfassend.

Der *letzte Schrei* ist erster immer gleicher Schritt zur nächsten Mode. Dass Moden wechseln, ist zeitlos.

Ein Philosoph hat kein Bild, aber im Übergriff einen Begriff davon, was keiner im Griff hat.

Der Staat leistet es nicht mehr, dass sich niemand alles leisten kann – auch er selbst nicht.

Der Humanist unter- oder überschätzt leicht alles Allzumenschliche und Unmenschliche.

Man ist berufen zum Spezialisten für seinen Beruf und zum General(bevollmächtigten) für guten Ruf.

Sie wissen, was sie tun und ihnen angetan wird,
denn sie wissen nicht, was sie tun wollen und sollen
und was mit ihnen gemacht wird.

Kann man das Leben eigentlich nur ertragen,
wenn man Optimist ist, oder wird man Pessimist,
um sich mit ihm vertragen zu können?

Sie macht Aphorismen zu Romanen, *er* Romane zu
Aphorismen : Wo treffen sich die Lebenskünstler?

Ich weiß vorher, dass ich hinterher schlauer bin, und
weiß erst nachher, wie dumm ich gewesen sein werde. Der Mensch ist die Vermessenheit aller Dinge.

Der Tag des Alten ist länger als die Woche
des Jungen, die Stunde der Jungen lebenslänger
als das Lebensjahr der Alten.

Der deutsche Leser übersetzt den aphoristischen
Satz zurück in den ganzen Aufsatz, den er ersetzt.

Jede Stärke ist mit einer Perversion bezahlt,
doch gut wirkt nur, wer nicht jede Schwäche
durch einen Vorzug ausgleichen muss.

Gleiches Weltbild, persönliche Spiegelbilder.

Der *Echoist* hört und gehorcht überall sich selbst.

Ein Steckenpferd macht großzügig ehrgeizig
auf einem und geizig auf jedem anderen Gebiet.

Ein Aphorismus begründet sich durch seine Form.

Welche Frau, welcher Mann hält,
was die Onanie verspricht?

Der erste und der letzte Anhänger einer Theorie
werden ausgelacht (also hilfreich unterschätzt).

Man unterhält sich in jedem Fall gut: Wenn man
sieht, dass man andere unterhält, oder nicht sieht,
dass man sie langweilt.

Es gibt nie Konsens : Konventionen, die den einen
das Leben erleichtern, machen es anderen schwerer.

Lernt man aus Literaturgeschichten, was sich aus
der Lebensgeschichte erfundener Leute lernen lässt?

Die Natur macht nur Sprünge, auf die wir ihr helfen.

Alle Halb- und Herzensbildungs*wege*
führen nach Romanen.

Exper(imen)te. Geh deinen Gedanken nach.
Sie gehen vor. Manchmal wie Uhren.

Kunst schafft Spielraum, Kitsch füllt ihn nur aus.

Lass die Sau raus, und sie kommt auf den inneren
Schweinehund.

Bücherwürmer fressen die toten Leseratten,
die die Bücherpest übertragen.

Fallbei(spie)le. Ich entdecke gerne mal etwas Altes,
um schlimme News und Neuigkeiten zu verdecken.

Nietzsches Wille zur Macht will gar nichts wissen.

Man soll den Bundestag
nicht vor dem Abendland loben.

Fehlte einem verfehlten Leben nur Befehlsgewalt?

Die Sache selbst ist in der Sprache der Hirnforscher
immer reine Nervensache.

Verstöße gegen Sittengesetze straft Gott,
gegen Strafgesetze ahnden wir selbst,
gegen die Naturgesetze strafen sich selbst.

Mach´s gut, aber nix von dir her! Durch Blechschaden bleibt man klüger als durch Dachschaden.

Vernunft ist das Beste, wenn du nicht wissen kannst,
wie all- oder ohnmächtig du bist und zu allem fähig.

Was sollten wir nicht wollen, was wollen wir nicht
sollen, was müssten wir denn nicht dürfen?

Wann wird´s vernünftig, auch unvernünftig zu sein?

Der Hahn im Korb kräht nach keinem der Henne.

Tugend vergeht, Laster besteht daraus.

Demenz : Betagte werden Umnachtete.

Natur wurde in uns so vernunftfähig, dass unsere naturbelassene Vernunft widernatürlich scheint.

Wir müssen auch Vernunft annehmen, die uns nicht nutzt, nicht nur Verstand verlieren, der uns nutzt.

Der Aphorismus spricht Bände, wo weniger mehr ist

Mut kommt vor dem Überfall,
Demut nicht nach der Hausse.

Die Idee von Sein bestimmt das Bewusstsein, doch verstehen kann man nur, was jemand verstellt hat.

Heute dominiert nicht mehr die Allgemeinheit das Individuum, sondern das Mittelmaß die Marotte.

Verkenne dich selbst als neuronales Netzwerk!

Keine *Trauerarbeit* kann so deprimierend sein
wie die Erwerbsarbeit, vor der sie bewahren kann.

Das Individuum ist eine Konvention,
um andere Konventionen zu korrigieren.

Der *Urknall* kann nicht die Naturgesetze geschaffen
haben, nach denen er selber abläuft.

Platon lehrte, dass ideale Ziele auf realen Wegen
nicht erreichbar sind, doch der himmlische Zweck
die irdischen Mittel heiligt.

Je schneller Kinder altklug werden,
desto schneller werden Alte kindisch.

Zehn Worte sagen mehr als ein Bild neuester Maler.

Aphoristiker sind reine Theoretiker. Sie führen ja
praktisch nicht weiter aus, was sie ausdrücken.

Konfliktscheue Konventionen kommen recht selten
aus Konsens : (Geschützte) Minderheiten kommen
oft überein, Normen der Mehrheit zu übergehen.

Es ist schwer, sich neue Lebenserleichterungen zu
verschaffen : Die vielen Vereinfachungen verwirren.

Schlag einen Haken, den gute Dinge heute haben!

Wer mit Einsichten zu tun hat, hat nichts Besseres
zu tun und sieht nun zu, dass er nur zusieht.

Man hat noch viel auf dem Gewissen,
das man sich daraus nicht mehr macht.

Vergib nicht allen alles und dir nichts, mein Christ!

Der Sterbliche zeigt sich im friedlichen Turmbau,
der Ewige in Wüsten und Verwüstungen.

Meine Menschenwürde kriegt der,
dem ich sie raube.

Unerfüllte Wünsche sehen auf unbearbeitete Stoffe.

Man fordert Friede auf Erden und nicht im Film.

Heideggers „Sorge" ums „Eigentliche" wird endlich
nun sorgfältig entsorgt.

Aufklärung ist nicht die Vereinbarung,
dass es offenkundig nie eine Offenbarung gab.

Nur die christliche Religion hat schon mehr *Dialektik der Aufklärung* als Gegenaufklärung hinter sich.

Nie ist die Rede vom Kultstatus einer Hochkultur.

Menschliches Dasein will lieber ganz weit weg sein.

Die Geldentwertung hält kaum noch Schritt mit der galoppierenden Geistentwertung verwöhnter Leiber.

Fortschritt wäre schon fortschreitender Verfall der Aufsteiger und ihrer technischen Verstiegenheiten.

Lernt aus der Geschichte nur, dass man sie weder macht noch schreibt (samt seiner Lebensgeschichte).

Guter Wille zur Vollmacht? Wir leben klar im verklärten Zeitalter finsterster Auf- und Abgeklärtheit.

Erst Weltreligionen, dann Weltkriege, dann Welthandel, nun Weltkulturerbe und Umweltphilosophie.

Ordensverleiher tragen meist auch welche.

Kultur ist, was neben der Weltgeschichte geschieht.

Darwin revolutionierte die Evolution, doch ist Geschichte Evolution der Revolutionen und zu ihnen?

Die Ansprüche werden mehr, aber anspruchsloser.

Philosophie ist die Stati(sti)k der Gedankengebäude.

Dass endlich gar nichts passiert, ist noch das Beste, was uns passieren kann.

Wellness. Wollen nur Wohltäter sich wohlfühlen?

Praxis? Ein gutes Konzept ist das beste Rezept.

Sartres „Fliegen" wurden 1943 in Paris uraufgeführt : Ein Freiheitsaufruf unter der Besatzung?

Das Leben hat den Sinn, seinen Wert zu nutzen.

Halteschilder geben der Haltung von Schildbürgern einen Halt im Leben.

Die Arbeiterklasse *schreibt* nur erst Klassenarbeiten.

Philosophie als innere Lehre: Die Metaphysik ist eher Proto-, Prä- und Transphysik als Postphysik.

Am Anfang war das Tagwerk
und am Ende kein Lebenswerk.

Riesenpakete mit der Aufschrift „Vorsicht, Glas!" enthalten oft nur den Zettel „Vorsicht, Gas!"

Einsilbig wortkarg oder weitschweifig redselig?

Massen werden veranstaltet, Individuen verunstaltet.

Den Ewigen hat man häufiger verändert,
als sich von Ihm verändern lassen.

Der Mensch macht noch Liebe,
doch Liebe kaum noch Menschen.

Junge wollen ewig leben, Alte haben wenig gelebt,
dazwischen ist man stets kurz vor der Sterblichkeit.

Am Bösen fürchtet man die Anziehungskraft,
am Guten das Abstoßende der Fliehkraft.

Weltbilder werden immer unanschaulicher, Begriffe
un(an)greifbarer und Urteile nicht mitteilbarer.

Ein Aufsatz ist ein Satz, der Fett angesetzt hat.

Ward Liebe eine platonische Ehe
oder Ehe ein platonischer Hass?

Werde nach deiner Fasson red-, hab- und armselig!

Für Gutes wird oft mehr gemordet als für Böses.

Darf ich, was meiner bedarf, oder bedarf ich dessen,
was ich darf?

Gieren ohne zu erigieren erweicht nie Scheidewege.

Nichtsein oder Heiligenschein, das ist die Frage.

Was keiner sich denkt, denken alle miteinander.

Bewegt immer Immobilien,
doch stoppt nicht den zeitigen Ruhestand!

Befrei Gedanken aus Köpfen, sperr sie in Bücher!

„Prothesengott" : Einbeinig, dreiäugig, vierhändig,
doppelherzig und halbköpfig.

Wer liegt, fällt nicht; wer sitzt, steht nicht stramm,
und wer kriecht, fliegt nicht.

Viele sind gut zuwege, bringen alles zu Wege
und nichts zu Ende.

Alte haben eine kürzere Vergangenheit als Junge.

Mancher wird ein geradliniger Charakter
auf krummen Wegen.

Eheleute nehmen sich zu viel Zeit gegeneinander.

Abschied schafft Abstand und kleine Unterschiede.

Unregelmäßigkeit ist die Regel, und Ungenauigkeit wirkt schon phantasievoll.

Die Zeitgenossen ackern nicht mehr, sondern sind wieder Vergnügungsjäger und Andenkensammler.

Nicht die Ratio überzeugt, sondern Überzeugungen rationalisieren sich (und beweisen nichts).

Aphoristiker schreiben nur von jenen, von denen sie gelesen werden, und begeistern sich für Entgeisterte.

Aphoristik ist kein Erheben der beschränkten Vernunft über den erhabenen Verstand.

Garantien gibt es garantiert nur für Quantität.

Das Ziel überrennt dich, läuft das Startloch dir nach.

Sprichwörter erfassen Mittelmäßiges,
Aphorismen Über- und Unterdurchschnittliches.

In der Physik geht es logischer zu als in der Logik
mit natürlichen Dingen.

Gierige machen uns gierig, Ruhige beruhigen
und Veränderte verändern uns.

Worüber du herrschst, das bist du nicht mehr:
Es gibt keine Selbstbeherrschung.

Dient die Natur unserem Unterhalt
wie die Geschichte unserer Unterhaltung?

Gerechtigkeit : Gleichverteilung der Ungleichheit.

Bestseller altern schneller als ihre Autoren.

Der Kopf erzeugt die Ideen, die ihn beherrschen.

Sprachverständige. Wo ist Kampf um Aufstieg
mehr als Kampf gegen Abstieg?

Fortschritt eilte zum Hoch-, Vor- und Seitensprung.

Von dem, was man nie ansieht,
sieht man sich gute Bilder gern an.

Seit Erfindung der Pille ist Goethes „Faust" obsolet.

Am Tag der offenen Tür stehe ich gleich hinter ihr.

Es gibt mehr gespenstische Materialisten
als eingefleischte Idealisten.

Im Verdacht stand das Denken erst durch materielle
Motive, dann durch demonstrativen Mangel daran.

Manchem geht es gut, der sein Bestes tut,
nicht nur Gutes oder Böses zu tun.

Ich bin ein platonischer Philosoph,
ich denke materiell unvergütet nach.

Aus Erfahrungen lernt man nur, sie zum Besten,
also weiterzugeben.

Ich weiß, dass du nicht weißt, was ich nicht weiß,
aber weiß nicht, ob du weißt, was du nicht weißt.

Todesangst wird erträglicher durch Neugier.

Weisheit ist der Witz am schlechten Witz. Der Fuß geht im Gleichschritt, der Kopf im Fortschritt.

Ein Professor ist ein Gelehrter, der durch Lehrveranstaltungen vom Nobelpreis getrennt wird.

Sage mir, was du tun willst, und du bist unsichtbar.
Sag mir, was du wissen willst, und ich enttarne dich.

Wer ausgezeichnet wird,
muss sich nicht mehr auszeichnen.

Unfälle löschen das Leben gebrannter Kinder aus.

Wer klar sieht, ist kein Hellseher, doch die Dunkelziffer für Schwarzseher ist höher als für Blinde.

Kultur geht um mit Umwegen, die Rom umgehen.

Warum gibt es kein Wörterbuch, das bei *Schritt*
wohl *Schrittlänge* und *Schrittmacher* aufführt, aber
nicht (mit Präfixen) *Fortschritt* und *Gleichschritt*?

Die Augen der Astronomen funkeln wie ihre Sterne.

Der Geist behält, was ein *Spiegel der Natur* vergäße.

Gefühle überleben weder Wahrheit noch Lügen.

Es ist die Bestimmung des Menschen, ausgenutzt
zu werden. Heute fordert er Mitbestimmung.

Lässt sich der Himmel verteufeln,
ohne die Hölle anzuhimmeln?

Es ist seit Anbeginn immer dieselbe Welt, die eine
verbesserliche Parodie auf den Menschen bleibt.

Du misstraust jedem, den du betrügst.

In Kulturen werden Geschmacksurteile Todesurteile

Wer weiß, welche Zukunft er gehabt haben wird?

Dein Urteil über mich fällt nur dein eigenes.

Wer die Spreu vom Weisen trennt,
erhält und erteilt Weisungsbefugnis.

Das krumme *Ding an sich* war
eine von Kants Alterserscheinungen.

Sigmund Freud hätte das allererste Elternpaar
vielleicht gar nicht analysieren können:
Hatten beide unter Gottvater eine Kindheit?

Ursprung des Computers: „Deine Rede sei ja, ja, nein, nein, alles darüber ist von Übel."

Über das große Ganze nachgedacht
wird trotz aller Philosophen.

Der Künstler ist Modeschöpfer
und Mode eine ewige Kette letzter Schreie.

Huren sind Nächtelöhner und heiraten so selten
wie Tagelöhner.

Nach den Ferien zu arbeiten, ist mühsam,
nach der Arbeit zu faulenzen, noch beschwerlicher.

Faulheit ist die Fähigkeit, jeden anderen Genuss
für Verdruss zu halten.

In Absteigen steigt niemand ab.

UFOrismen in Afforhythmen

„Ein Räsoneur ist nicht notwendig ein Unzufriedener, im Gegenteil ist er zufrieden, weil er räsonieren darf."
(Jean-Paul Sartre)

Geist gilt inzwischen als Todsünde wider die heilige Schweinefleischeslust.

Realität ist der beste Tagtraumdeuter.

Wer freier ist als andere, ist unfrei.

In Wahlurnen gibt man seine Bombenstimmung ab.

Ihr fesselt mich mit den Ketten, in denen ihr liegt.

Schlummern Innovationen nur in Novizen?

Unfug, Blech, Gefasel, Schmarren, Schnickschnack,
Mumpitz, Humbug, Larifari, Galimathias, Stuss ...
oder nur destruktiv dekonstruierte Kritik?

Spezialisiert euch endlich auf Allgemeingültigkeit!

Hilft die randständige Kirche den Randexistenzen?

Weihnachten macht noch Heidenspaß,
Nächstenliebe schon eine Heidenarbeit.

Dein Haus ist größer als mein Zimmer,
mein Wohnraum größer als dein Sarg.

Kritischer Dissens ist dem Nonsens so abgerungen
wie der sechste Sinn dem Irrsinn.

Gelungenes Leben hat am Ende kein Ziel erreicht.

Der Baum der Erkenntnis
ist aus dem Paradies vertrieben.

Gutes schreiben Satzsteller nur zwischen den Zeilen.

Du sollst umsonst und nicht vergebens vergeben!

Es geht so. Es ist bewegend, macht sich Bewegung.

Erhobenes Haupt sagt Ja, hängender Kopf nur Nein.

Ich habe viel zu sagen, aber niemandem.

Ist die lange Evolution Gottes Tag der offenen Tür?

Schreibe ich mir hier abertausend Grabsprüche?

Leben heißt auch seine Nachrufe fälschen.

Religionswissenschaft sollte reagieren
auf himmelschreiende Unrichtigkeiten.

Geist mit Gold ist widerspenstig,
Geld ohne Geist nur gespenstisch.

Geht bitte nicht aufeinander zu und los!

Information ist noch keine Reform der Uniform.

Dichtern wird angedichtet, nicht ganz dicht zu sein.

„Freiheit" wird großgeschrieben, Freiheit klein.

Setz (dich) aufs höchste Stecken- und Stabsroß!

Wer Bremswege aus dem Dienstweg räumt,
räumt gleich Holzwege aus dem Waldweg weg.

Das Unmaß des Maßlosen ist voll,
das Messbare bar jeder Messlatte.

Nur Naturgeschichtsschreibung
kennt noch historische Ereignisse.

Eine Null ist besser als gar nichts,
besonders hinter der Nummer Eins.

Unternehmer geben understanding understatements
am liebsten zur abgegebenen Arbeit ab.

Sonnenuhren haben auch ein Dunkelzifferblatt.

Fülle in Hülle nahm den Mangel in die Mangel.

Richtigkeit macht Mundgerechtes fachgerecht,
Aufrichtigkeit erst Regelrechtes sachgerecht.

Gedanke, geh, danke! Der Aphoristiker denkt
ohne Umschweife weitschweifiger.

Groß- und Kleinbürger sind eher Gegenarbeiter
als ihre Arbeiter Mitbürger.

Das Recht wird so zurechtgemacht
wie ein Unrecht wiedergutgemacht.

Konversation ist das Konventionellste, mit Un-
konventionellem umzugehen, ohne es zu umgehen.

Kann meine Empathie wieder aus deiner Haut?

Wer einrostet, der rastet häufiger aus.

Schweigendes Mundwerk
hat goldenen Boden der untätigsten Tatsachen.

Gelegenheitsdichter finden noch für verpasste Gelegenheiten passende Worte, die auch Lesern passen.

Sonntagsreden werden nicht nur sonntags,
Alltagsreden auch feiertags gehalten.

Erst schlägt Ödipus leibliche mit geistigen Vätern,
dann Doktorväter mit seiner leiblichen Vaterschaft.

Die konfessionelle Reformation ersetzte die soziale
Revolution durch professionelle Reformen.

Geht´s um alles, geht´s nach Heidegger ums Nichts.

Ist es besser, mehr Gutes als Böses sehen zu wollen?

Stammhirne machen den Stammbaum
der Erkenntnis gern zu Stammtischen.

Schwarze Kassen auf Erden schreiben schwärzere
Zahlen als Schwarze Löcher am Himmel.

Der Aphorismus ist ein kritischer Monolog
mit unserer dekonstruktiven Kritiklosigkeit.

Steigt die Einbildungskraft mit Vermögensbildung?

Sind eher Menschen noch halbe Affen
als Affen schon halbe Menschen?

Am Tag der offenen Himmelstür
würde sie eingerannt.

Überragende lässt keiner gern hervorragen.

Am Theater wird nun Theater gemacht statt gespielt.

Wo ist der Blickwinkel auch mal mit im Blickfeld?

Die Fragesteller werden eher zur Verantwortung
als die soziale Frage von den Verantwortlichen
zur Beantwortung gezogen.

Anfänger, wehret der Verendung durch Vollendung!

Das große Ganze : Die Mehrheit ist mehr
und anderes als die Summe ihrer Minderheiten.

Mit schwarzem Hegel wie mit rotem Marx
kann sein Anwalt keinen Sozialstaat machen.

Aphorismen schreiben heißt
Schweres in der Schwebe lassen.

Aus einem Ei des EinerlEi schlüpft so AllerlEi.

Ein Gletscher ist nun der Schnee von gestern
und die Wüstenoase von morgen.

Das Politiktheater engagiert auch Künstler.

Aufrechter Gang liegt im Trend, doch sitz ihn aus,
steh es durch oder geh im Himmelbett deiner Wege!

Bonmots aus Essays zu pflücken, ginge literatur-
wissenschaftlich ins Uferlose, doch gerade diese
uferlosen Trouvaillen wären für Leser reizvoll.

Mein Wort will keine Leser verletzen,
sondern nur ihr dickes Fell zeigen.

+ + +

Sekundärliteratur zum Aphorismus

Gerhard Neuman (Hg.): „Der Aphorismus.
Zur Geschichte, zu den Formen und Möglichkeiten
einer literarischen Gattung", Darmstadt 1976

„Ideenparadiese. Untersuchungen zur Aphoristik
von Lichtenberg, Novalis, Friedrich Schlegel und
Goethe", München 1976

Peter Krupka: „Der polnische Aphorismus",
München 1976

Hans Peter Balmer; „Philosophie der menschlichen
Dinge. Die europäische Moralistik", Bern 1981

Harald Fricke: „Aphorismus", Stuttgart 1984

Gisela Febel: „Aphoristik in Deutschland und
Frankreich", Frankfurt/Main 1985

Klaus von Welser: "Die Sprache des Aphorismus",
Frankfurt/M. 1986

Heinz Krüger: „Über den Aphorismus
als philosophische Form", Frankfurt/M. 1988

Werner Helmich: „Der moderne französische
Aphorismus", Tübingen 1991

Stefan Fedler: „Der Aphorismus. Begriffsspiel zwischen Philosophie und Poesie", Stuttgart 1992

Paul Geyer / Roland Hagenbüchle: „Das Paradox", Tübingen 1992, Würzburg 2002²

Thomas Stölzel: „Rohe und polierte Gedanken. Studien zur Wirkungsweise aphoristischer Texte", Freiburg 1998

Lada Lubimova: „Struktur und Funktion des Aphorismus : eine textlinguistische Studie", Bremen 1998

Robert Zimmer: „Die europäischen Moralisten", Hamburg 1999

Michael Esders: „Begriffs-Gesten. Philosophie als Kurze Prosa von Friedrich Schlegel bis Adorno", Frankfurt/Main 2000

Rüdiger Zymner: „Aphorismus", In: Kleine literarische Formen in Einzeldarstellungen, Stuttgart 2002

Friedemann Spicker: „Kurze Geschichte des deutschen Aphorismus", Tübingen 2007

„Die Welt ist voller Sprüche. Große Aphoristiker im Porträt", Bochum 2010

Andreas Egert: „Der Fall Aphorismus. Zur Genese und Aktualität einer Gattung", AZUR 2015

DIE ZERTRENNLICHEN

In narrzisstischen UniVersen

Ich bin nicht zufrieden.
Ich bin nicht zufrieden mit der Welt.
Noch unzufriedener als mit der Welt
bin ich mit mir selbst.
Ich wäre zufriedener mit dem Lauf der Welt,
wäre ich zufriedener mit mir selbst,
aber ich wäre nicht zufriedener mit mir selbst,
wäre ich zufriedener mit dem Lauf der Welt
und dem Gang der Dinge.
Die Menschen sind zufrieden mit mir,
im Großen und Ganzen,
weil sie zufrieden sind mit sich selbst,
im Großen und Ganzen,
und unzufrieden mit der Welt.
Wer mit sich zufrieden sein will,
muß mit jedem Menschen unzufrieden sein,
der nicht nur mit der Welt unzufrieden ist,
sondern auch und vor allem mit sich selbst.

Ich bin zufrieden darüber,
daß ich mit mir unzufrieden bin,
und bin unzufrieden mit jedem,
der mit sich zufrieden ist, um mit Gott und der Welt
unzufrieden sein zu können,
und der die Welt nur infrage stellt,
um sich selbst nicht infrage stellen zu müssen.

Ich bin stolz darauf,
nicht auf mich stolz sein zu können.
Ich bin zu stolz darauf,
mit der Welt unzufrieden zu sein,
damit ich auf mich selbst stolz sein kann.
Ich bin zu stolz darauf, mit mir zufrieden zu sein,
um mit der Welt unzufrieden sein zu können.

Ich habe gearbeitet.
Ich habe nicht weniger gearbeitet als andere.
Aber ich habe nichts getan,
was andere Menschen nicht auch getan haben
und nicht auch getan haben könnten.
Ich habe nichts gemacht,
was niemand anderer als ich hätte tun können.
Ich kann überhaupt nichts,
was nicht viele andere Leute auch können.
Es ist besser, wenig von dem zu tun,
was niemand sonst tun kann,
als viel von dem zu tun,
was andere auch tun könnten.

Nur die Feinde der Demokratie sagen,
daß wir nicht in einer Demokratie leben.
Die Demokraten sagen,
daß sie in einer Demokratie leben.
Die Demokratie ist ein Forum.
Sie stellt ein öffentliches Forum
allen zur Verfügung. Manche nutzen
die Demokratie und manche nicht.

Die es am meisten nötig hätten,
nutzen die Demokratie am wenigsten.
Das Volk ist der Souverän,
aber er macht wenig Gebrauch davon.
Das Volk arbeitet in den Fabriken,
und wer nicht in den Fabriken arbeitet,
bedient sich der Demokratie.
Es herrscht Demokratie, aber kein Mensch.
Wenn das Volk die Macht nicht ausübt,
die es hat, dann herrschen seine Feinde.

Wir leben in einer wirklichen Demokratie
ohne Gänsefüßchen. Wer ohne Demokratie
leben muß, nimmt sie ernst.
Wer in einer Demokratie leben darf,
nimmt sie nicht wichtig
und überläßt sie denen, die sie ausnutzen,
um sie wieder abzuschaffen.
Wir leben in der besten Demokratie
unserer Geschichte. Die Demokratie
ist ein Forum und eine Arena für alle.
Der letzte Scheißer ist eingeladen
und aufgefordert, diese Arena zu betreten
und seine ureigene Sache vorzubringen,
die nur er vortragen kann und niemand sonst.
Wenn die Demokratie kein Forum ist,
dann soll sie ein Forum werden,
das jeder frei betreten kann,
um seinen ganz persönlichen Beitrag zu leisten
und seine ganz besondere Leistung
in die Waagschale zu werfen.

Jeder soll als Solist vortreten dürfen
und nicht in Massen vortreten müssen.
Demokraten wollen nicht nur ihre Rechte
vortragen, sondern auch ihre Leistungen.

Niemand soll sich durch andere
vertreten lassen müssen, und jeder soll Publikum
für jeden anderen sein können.

Das Besondere am Publikum ist nicht,
daß es viel zu dumm ist,
um etwas Anspruchsvolles zu würdigen,
sondern daß es lernen kann,
vom Anspruchslosen übersättigt zu sein
und Hunger nach mehr zu entwickeln.

Immer anspruchsvollere Dinge suchen
ein immer anspruchsvolleres Publikum,
bis das immer anspruchsvollere Publikum
immer anspruchsvollere Dinge sucht.
Wer vortreten will,
will sich nicht vertreten lassen.
Der eine trägt vor,
was andere auch vortragen können.

Der andere läßt hören,
was alle hören wollen. Mancher sagt,
was andere sagen würden,
weil er nichts zu sagen hat oder
weil er Angst hat vor dem, was er zu sagen hätte.

Der eine hat Angst davor,
daß er nichts zu sagen hat,
und der andere hat Angst vor dem,
was er zu sagen hätte und nur er.

Die meisten tragen vor, was alle beitragen
und was alle hören wollen.
Kaum einer trägt vor,
was kaum sonst einer vortragen könnte,
und kaum einer läßt hören,
was kaum sonst einer hören möchte.

Ich will nicht sagen,
was alle gesagt haben wollen.
Ich will gar nichts sagen,
wenn ich nichts zu sagen habe,
was niemand je gehört hat,
was niemand je erwartet oder vermißt hat.
Ich habe nichts zu sagen,
und ich will etwas zu sagen haben,
was niemand sonst zu sagen hat
und niemand sonst so sagen könnte.
Manches wird nie gesagt, weil es zu nichtig ist.
Anderes wird nie gesagt,
weil es zu wichtig und zu richtig ist.

Manches bleibt ungesagt,
weil es nicht gut genug ist,
und anderes bleibt ungesagt,
weil es zu gut ist, um Gehör zu finden.

Ich will nichts gesagt haben,
wenn es alle gehört haben wollen.
Ich sage nicht, daß ich etwas zu sagen habe.
Ich sage, daß ich nichts zu sagen habe.
Ich sage immer wieder,
daß ich noch nie etwas zu sagen hatte,
was nicht auch andere hätten sagen wollen
und was sich nicht viele gern gesagt sein lassen.

Ich kann leider nichts sagen,
was andere nicht auch sagen können.
Ich dürfte sagen, was sonst keiner zu sagen hätte,
aber ich habe nichts zu sagen,
was nicht jeder zu sagen hätte.
Ich kann nichts, was nicht auch andere können.
Jeder sollte etwas können, was kein anderer kann,
kann ich nur sagen.

Jeder sollte Weltmeister sein
auf seinem ureigensten Gebiet.
Ist ein Tennisweltmeistertitel so viel wert
wie ein Weltmeistertitel im Denksport ?
Wir brauchen eine Weltmeisterschaft,
um herauszufinden, welche Sportart
die Weltmeisterin aller Sportarten ist.
Ich hoffe, daß jeder verzweifelt,
der nicht Weltmeister in seinem Fach ist.
Ich bin verzweifelt, daß niemand hofft,
wenigstens ein einziges Mal in seinem Leben,
etwas Einzigartiges zu schaffen.

Seit 30 Jahren versuche ich,
einen Gedanken zu fassen. Seit 30 Jahren
bringt mich nichts auf andere Gedanken,
als andere Leute auch haben.
Seit mindestens drei Jahrzehnten denke ich nach
und komme auf keinen Gedanken,
der nicht schon vor mir gedacht worden ist.
Was an meinen Gedanken gut ist,
stammt von anderen Menschen,
und was an meinen Gedanken von mir kommt,
ist nicht gut. Meine Gedanken
haben keinen Minderwertigkeitskomplex,
meine Gedanken sind wertlos,
oder es sind die Gedanken anderer Menschen,
die denken können.

In einer Diktatur fällt mir etwas ein,
und ich darf nicht sagen, was mir einfällt.
In einer Demokratie darf ich alles sagen,
was mir einfällt, aber mir fällt nichts ein,
was nicht anderen schon eingefallen ist.
In einer Diktatur darf ich wenigstens glauben,
ich hätte auch etwas zu sagen,
wenn ich alles sagen dürfte.

Nur in einer Demokratie merke ich bald,
daß ich gar nichts zu sagen habe,
wenn ich alles sagen darf und
obwohl ich alles sagen darf
oder weil ich nichts verschweigen muß.

Ich lebe in einer Demokratie,
in der das Individuum alles sein soll,
aber ich bin ein zweifelhaftes Individuum,
dem nichts Individuelles einfallen will.

Wer etwas Originelles von sich gibt,
wird gleich als Original lächerlich gemacht.
Ich ließe mich gern als Originalgenie verhöhnen,
aber was von mir kommt, ist nicht originell,
und was wirklich originell ist, ist nicht von mir.

Wer nichts Originelles beizutragen hat,
wird von denen, die nichts Originelles
beizutragen haben, als origineller Kopf geachtet.
Die Dutzendköpfe loben die Dutzendköpfe.
Ich kenne nur Leute, die nicht darunter leiden,
daß sie keine Gedanken haben,
die noch niemand vor ihnen hatte.
Ich habe schon aufgegeben, Leute zu finden,
die auf Gedanken kommen
oder doch wenigstens leiden
unter ihrer Gedankenlosigkeit.

Originell wirkt schon,
wer gar nicht originell sein will.
Die Dutzendware hält ihre Dutzendware
für originell, und am originellsten ist,
wer seine eigene Originalität
für reine Massenware hält.
Nie bin ich auf etwas gekommen, worauf nicht
vor mir schon andere gekommen sind.

Nie habe ich etwas geschafft,
was nicht auch andere schon geschafft haben.
Ich habe nie etwas hergestellt,
was nicht auch andere hergestellt haben.
Wer in seinem ganzen Leben
noch keine einzige originelle Idee hatte,
was soll der von sich denken,
was soll der von denen denken,
die eigene Gedanken haben oder die
auch keine eigenen Gedanken haben?

Wie kann der fröhlich in den Tag hinein leben,
ohne ein Dummkopf zu sein?
Wie kann der weiterleben,
wenn er für zehn Pfennig sensibel ist?
Ich bin anders als andere, gewiß.

Jeder ist anders als jeder andere, jeder
ist sogar anders anders als jeder andere.
Das ist nichts Besonderes.
Es ist schon fast etwas Besonderes,
nichts Besonderes sein zu wollen.
Aber wo niemand etwas Besonderes sein will,
ist das auch nichts besonders Besonderes.
Ich unterscheide mich nicht von anderen.
Ich unterscheide mich höchstens dadurch
von anderen, daß ich darunter leide,
mich nicht von ihnen zu unterscheiden.
Nichts ist lächerlicher,
als etwas ganz Besonderes sein zu wollen,
wenn du nichts Besonderes bist.

Ich bin kein Einsiedler und nicht asozial,
aber einer unter anderen zu sein,
ertrage ich nur, wenn ich auf irgendeinem Gebiet
auch über allen anderen stehe.
Wenn ich allen irgendwo über bin,
bin ich auch gern einer unter anderen.
Ich muß Leuten über sein,
um sie nicht über zu sein.

Ich muß die Nummer Eins sein
in der Weltrangliste einer Sportart,
die ich für die Nummer Eins
aller Sportarten halte.
Es ist ein Unterschied, ob einer Tennismeister ist
oder gute Gedichte schreibt.
Es ist ein winziger Unterschied,
aber ein Unterschied ums Ganze.

Wer möchte nicht gern eine Klasse für sich sein
und nicht in seiner Klasse aufgehen?
Wer in seiner Klasse aufgeht,
geht in seiner Klasse unter.
Wer möchte nicht irgendwo einsame Spitze sein
und alle Mitbewerber auf ihre Plätze verweisen,
sie beschämen und zur Hochachtung zwingen
durch nichts als Hochleistung?

Lohnt sich ein Leben, das andere Leben
nur überlebt und nicht übertrifft?
Wer gewinnt die Goldmedaille
im Lebenslauf über achtzig Jahre?

Die Leistungsgesellschaft ist von Übel,
wo es um Industriegesellschaft geht.
Schuster, bleib bei deiner Höchstleistung,
sagen die Schuhfetischisten.
Aber was ist eine Denksportolympiade
ohne Spitzenleistungen und Goldmedaillen?

Ein Königreich für eine geistreiche Idee !
Wer geht als Erster durch die Zielgerade
im Kampf um die besten Lebensziele ?
Ein unnachahmlich erstklassiges Kunststück,
ein Drahtseilakt ohne Netz ist gefragt.

Meine Damen und Herren, wer steigt in den Ring,
wer hat Mut, wer will gewinnen ?
Ein bißchen mehr Angst bitte
vorm Mangel an eigener Courage !
Taten, Taten, keine Worte,
nimmer Geist und immer Torte ?

Was ich euch vorwerfe ? Aber gar nichts.
Nur eine Kleinigkeit, bitte schön.
Wir sind alle so selbstzufrieden.
Wir sind alle so selbstgefällig selbstkritisch.
Wir halten uns weiß Gott für nichts Besonderes,
aber darauf sind wir stolz.
Das wollen wir anerkannt und gewürdigt sehen.
Ich habe ein Recht darauf, meine Rechte zu fordern.
Ich bin zufrieden mit mir,
wenn man mich zufrieden läßt.

Ich bin zufrieden mit allen,
die mich zufriedenlassen.
Ich lasse mich zufrieden,
ich gehöre nicht zu der Welt,
mit der ich unzufrieden bin.
Ich tue mein Bestes, aber das Beste
ist nicht immer gut genug, sagen andere.
Ich gehe auf die Bühne
und trage mein Kunststück vor. Der Saal ist leer,
und der fast sechzigjährige Schriftsteller
Fontane schrieb vor 120 Jahren:

„Gleichgültigkeit, Besserwissen und Neid sind die drei Grazien, die, wie das Leben jedes Strebenden, so auch das meine begleiten ... geradezu tragikomisch, mit welcher äußersten Nüchternheit solche Lebensarbeit hingenommen wird, am meisten natürlich von den Freunden."

Jeder hat ein Recht auf seine eigene Meinung,
nach seiner Meinung.
Keiner hat eine Verpflichtung zur Wahrheit,
nach seiner Meinung.
Jeder geht seinen eigenen Weg.
Weiter kommt er nicht.
Wir verstoßen gegen die Zehn Gebote,
aber gegen das Gebot der Mittelmäßigkeit
verstoßen wir fast nie.
Wir verbessern dauernd das Einzige,
was nicht zu verbessern ist,
weil es schon gut und schön und wahr ist.

Wir verbessern dauernd die Religion und Moral,
aber wir verbessern nicht das Einzige,
was wirklich ständig zu verbessern ist :
die Welt und uns selbst darin.
Geistig wollen wir Konformisten sein,
aber moralisch wollen wir Originalgenies sein:
Verkehrte Welt !
Was wir reden, ist nicht der Rede wert.
Was der Rede wert wäre,
haben wir nicht zu sagen.

Die schönsten Dinge verschwinden
in unseren Mündern,
und die übelsten Dinge kommen
aus unseren Mündern heraus.
Ich suche die Behaglichkeit,
aber sobald ich sie an anderen spüre,
mache ich sie schlecht.
Im Wasser sagt ein Fisch zum anderen :
„Ich fühle mich nicht wie Schmidt und Schulz."

Aus den Kleidern der Erwachsenen
bin ich längst herausgewachsen.
Für Erniedrigungen bist du nicht groß genug.
Wenn ein Zwerg sich erniedrigt,
versinkt er im Boden, aber nicht vor Scham.
Ich suche himmlische Verleger
für meine sterblichsten Verse.
Etwas ganz Besonderes möchtest du sein
und zustande bringen.
Wichtig wäre nicht, daß es Beifall fände.

Wichtiger wäre, daß es Beifall verdiente,
daß es Beifall finden müßte,
wenn die Mitwelt nicht so borniert
und boshaft sein würde.
Du bist die Ursache deines Werkes,
und du bist die Wirkung deines Werkes.
Die Menschen sind so frei,
dein Werk nicht zu mögen und nicht zu brauchen.
Die Menschen haben so ihre Gründe,
und wenn sie gnädig sind, lassen sie sich herbei,
dir die Gründe zu verraten.

Dein Werk wird zurückgewiesen,
weil es zu gut oder zu schlecht ist für die Welt.
Das Publikum sagt nicht,
daß es zu schlecht ist für dein Werk.
Dein Werk wirkt auf deine Mitwelt
nicht wie ein Scheidewasser,
das die Schafe von den Böcken trennt.
Die Mitwelt wirkt auf dein Werk
wie ein Wahrheitsserum.
Aber wer von Menschen nicht anerkannt wird,
muß deshalb ja noch kein verkanntes Genie sein.

Wer gut aufgenommen wird,
kann immer noch ein verkanntes Genie sein.
Das Publikum ist ein verkanntes Genie,
das die Meisterwerke durch das Klatschen
der Hände schafft oder durch das Zischen
und Stampfen im Parkett und auf der Galerie.

Ein Werk müßte so gut sein,
daß jeder, der es ablehnt,
entweder der Dummheit überführt wäre
oder eines schlechten Willens.
Dein Werk muß so gut sein,
daß deine Mitmenschen sich schämen,
es nicht geschaffen zu haben
und aus Neid verreißen. Es müßte so gut sein,
daß die Menschen sich schämen,
auf ihre eigenen Leistungen stolz zu sein.

Es müßte so gut sein, daß man seinen Verächtern
mit gutem Grund vorwerfen könnte,
es nicht als Vorbild anzuerkennen. Ich will sagen,
die Menschen sind zu gut zu sich selbst,
weil die Welt zu schlecht zu ihnen ist.
Wir sind zu zärtlich mit uns selbst,
wir verwöhnen uns, wir lassen uns viel zu viel
durchgehen und fordern zu wenig von uns.

Da schwafelt es sich so schön
vom rigiden Über-Ich, aber unser Über-Ich
ist nicht zu streng, sondern zu lasch,
es verlangt nichts mehr von uns.

Mein Über-Ich verlangt,
daß ich mein Ich übertreffe.:
Es verlangt nicht den Übermenschen,
aber der Mensch ist das Wesen,
das Menschen trifft, um sie zu übertreffen.

Schaffe ein Werk, das dich übertrifft,
das über dich hinausgeht und dich lobt.
Wir müssen es nicht anerkennen,
aber unsere Gründe, es nicht anzuerkennen,
müßten sich vor deinem Werk
als Ausflüchte zu erkennen geben.
Das Werk muß alle, die es nicht bewundern,
des Ressentiments überführen
und der neidischen Verstocktheit.
Ich lehne es ab, weil ich es nicht besser kann.

Ich verachte, was ich nicht kann
und weil ich es nicht kann —
und weil ich es gern können würde.
Dein Werk muß so gut sein, daß ich blaß werde
und vor ihm zur Null. Ein Werk,
vor dem niemand zum Nichts wird,
ist null und nichtig.
Jedes Werk ist eine gekonnte Wut
gegen den Rest der Welt.

Wenn ich in mich hineinsehe,
sehe ich mein Innenleben,
und ich habe wenig Grund, darauf stolz zu sein.
Wenn ich aus einem schlechten Gefühl
ein gutes Gedicht gemacht habe,
kann ich mich an meinem Gefühl freuen.
Nur durch das Gedicht hindurch,
das ich daraus mache,
kann ich mich meines Gefühls erfreuen.

Was ist ein Innenleben,
das nicht in gelungenen Werken
zum Ausdruck kommt?
Ich brauche keinen Beifall,
sondern das Recht auf ungezollten Beifall.
Wenn ich den Applaus nicht erhalte,
soll es nicht an mir liegen,
sondern an Neid und Dummheit derer,
die ihn mir verweigern.
Der Schauspieler war so gut wie die Zahl
der Vorhänge, die er verdient hätte ?
Narziß will glänzen und schielt auf Beifall
und ist in das Bild verliebt, das er bietet.
Am Ende lebt er so sehr für den Applaus,
daß er in sich nichts mehr findet,
womit er Beifall erregen kann.
Je mehr du auf den Beifall schielst,
desto mehr verlierst du aus den Augen,
womit du ihn verdienen kannst.
Narziß verliert nicht den Kontakt zur Welt,
um nur noch ganz für sich zu leben,
sondern den Kontakt zu sich selbst,
um nur noch der Welt zu leben, seinem Image.
Wenn ich beneidet wurde, dann nur um Dinge,
an denen mir nichts lag.
Um Schätze, die mir alles bedeuteten,
wurde ich nie beneidet und gebracht.
Für mich bin ich das, was ich für andere bin,
aber für andere bin ich nicht,
was ich mir selber bin. Was in mir vorgeht,
ist an sich nicht wichtig. Es bekommt einen Wert,

wenn es zum Werk beiträgt
und in ein Meisterwerk eingeht.
Was liegt an deinen Gefühlen,
die keine Gedanken werden, sage ich allen,
die mir sagen : Was liegt an deinen Gedanken,
die keine Gefühle werden ?

Jeder Satz, jede Seite will ein Meisterstück
werden, das ausgefeilt sein will,
will ein Diamant sein,
der geschliffen werden will,
eine Statue, die gemeißelt werden muß.
Wir sind so langweilig, daß wir uns
nicht einmal zu Tode langweilen können
ohne ein solches Meisterwerk
und ohne die Sehnsucht danach.

Wer darf sich Mensch nennen,
der sich nicht tyrannisieren läßt
von einem Meisterwerk,
das er noch immer nicht geschafft hat ?
Lockert nicht den Druck,
den eure ungeschriebenen Meisterwerke
und die längst geschriebenen Meisterwerke
der Vorfahren auf euch ausüben !
Du bist nur der Rohstofflieferant
und das Werkzeug, durch das dein Werk
ans Licht der Welt will.
Es ist zum Verzweifeln mit Menschen,
die nicht an sich selbst verzweifeln wollen.

Zwischen Duett und Duell

Im Westen kann ich nicht leben, im Osten wär ich schon tot. Schon das Leben in Frieden & Freiheit hält mich gefangen in Unruhe. Je zarter die Gemüter, desto härter die Worte, und die Angst vorm Umzug ist die beste Wohnung. Nur was depressiv macht, hilft gegen Melancholie: Gewohnheiten sind die beste Eigentumswohnung, sagte Samuel Beckett im Aufsatz über Marcel Proust. In der Kunst herrscht der Depressionismus. Zwischen zwei Tassen Tee dieses schwarze Loch, in dem sogar meine Schwerkraft auf Nimmerwiedersehen versinkt. Wer den Leser nicht zum Schweben bringt, redet übers Schweben, und so ist es mit allem. Der Weltuntergang droht diesmal von denen, die ihn kommen sehen. Und die vor ihm warnen, die drohen ja mit ihm. Die Innenwelt ist verschmutzt durch Umweltschützer allein. Der Friede ist bedroht durch Friedensbewegte und die Frau vom Feminismus
Das Grundgesetz sitzt recht fest auf Grund. Sie wollen es in Bewegung setzen. Die Arbeiter lassen sich nicht bewegen — aufzutreten als Unterweltschützer. Im Augenblick sind sie im Lande die einzigen Verfassungsschützer gegen die Umweltvorschützer. Die möchten in Ruhe Unruhe stiften dürfen und die Ver-

fassung zu fassen kriegen. Sie kriegen den Hals nicht voll, aber den Umweltkrieg, den sie wollen. PerVers drück ich mich gut aus. Gott fiel aus allen Wolken, der Himmel ist dadurch nicht schöner geworden. Die Bösewichte bleiben unter uns, seit es keine Hölle mehr gibt. Mit Vierzig tauchst du den Keks in den Tee auf der Suche nach verlorener Zeit. Deine Kindheit steigt dir zu Kopf, wenn auch nicht so gekonnt wie dem kleinen Marcel. Im Betrieb ist zu viel zu tun, zu Hause viel zu wenig. Wird es nun weniger Licht oder mehr Finsternis?

Die Unvergänglichkeit der Vergangenheit

Vortrag eines Alt-Heideggerianers

Spektabilitäten, Magnifizenzen,
meine Damen und Herren,

WAS geschehen ist, das kann widerrufen oder rückgängig oder wiedergut oder ungeschehen gemacht werden, nicht aber, DASS es geschehen ist.

Nach Kants transzendentaler Ästhetik ist so etwas wie Zeit als reine Selektionsform der „inneren" Anschauung und der „äußeren" sinnlich-rezeptiven Wahrnehmung (= Vernehmung + Verwahrung) die apriorisch konstitutive Bedingung der Möglichkeit gemütsaffizierender Dinge, gegenständiger ErScheinungen für die im Schematismus der reinen Verstandesbegriffe explizierte Relais-Transformation der analytischen Einheit logischer Urteilsformen in die synthetische Einheit der kategorialen Objektformen. Die durch verfahrensleitenden, wissenschaftsvorgängig absteckenden Ent-Wurf der vorbildenden Einbildungskraft grundreißend ausgehobene Vorzeichnung und eröffnend ausgrenzende Einrichtung des im raumzeitlichen Referenzrahmen zu gegenständlichenden ontischen Umrissfeldes auf seine hypostatische Seinsverfassung hin entbirgt als *modus deficiens curandi inentis* des ek-sistenten In-Seyns, das als ausständiger Entwurf vom Seynsgeschick geschichtlich je immer schon er-worfen ist, einen großen Korrespondenzbereich phainomenaler und noumenaler Korrelate, gestimmt zur Bestimmung durch die entfacht koinzidente Trichotomie instant-instatischer Zeitdimensionen, unter dem je horizontierenden Schema existentialer Befindlichkeiten des endlichen Daseins. Die angesichts indiskontinuierbarer Gefüge-Einsammlung notwendige

Ansiedlung jeder jäh entwordenen Gewesenheit im Vermögensentwund dieser aufhebend rückgängigen Bezeugungszerweisung lässigt sich fragloser als die einhelligende Gewärtigung eines in starrstängige Projektion anweilender Enthebung auf kohärente Vernehmlichkeit eingeronnenen Urbestandes, eine Vergegenwärtigung, die in der Betroffenheitslichtung von der einer Aufweisungsfündigkeit ja erstlich zu entfilternden Begegnis der Verdungenheit aller gewärtigen Dinge sich erwest. Die Beschütterungshermeneutik genichtungsabständiger Heimsuchnis durch das Gewesende vermag sich abzüglich der Vermeidungsbahn der in Verhaltsschwebe zwischen Vergangenheit und Zukunft instanten Gewogenheit der sich ausbeutenden Ent-Schlossenheit alles Er-Scheinenden vorverläufig zu belassen. Das Seiende birgt die Integration seiner konvergierenden Komponenten zur szientifischen Verfüglichung der teilthematisch aufzurechnenden Synthesis vorfindlich begegnender, umsichtig angehender Spontaneitätsüberhobenheit der Dinge in der ontologischen Verstattungsschwäche, versäumend sich zu entsinken in die durch umwendungsausgerichtet sich ausschlingendes Einklammern urheberschaftlicher Rückentbotenheit gezeitigte Auszehrung einer horizontalgestimmten Aussparnis zum Dichtungsfeld sich überliefernder Erb- und Eigenkonstituentien. Die Irreversibilität der Zeit gewährt dem Seienden die Sedimentationsaufbuchung eines von der Patina nahtloser Identität zusammengeschweißten Durchhaltes in die hypokeimenale Auslegungsräumlichkeit.

Das durch Insistenz auf gegenschichtige Ekstasis hindurch inwesende Seiende (gebannt ständig zu der regungslosen Abgeschrittenheit, in die es vor einer abstraktiven Parenthese der setzenden Durchhütung flieht) umgrenzt sich nach periech-ontologischer Maßgabe eines sich engmaschig beheftenden Kontinuums an aufgesplitterte Abläufigkeit versaugender Besammlungswahrnis und entließe sich in die Abwesung durch das Nichten seiner in der abschnürend entschränkenden Fulguration seiner Entständigkeit entwürfig zerrinnenden Inwesenheit. Die sich in heimlich schirmender Verweigerung seiner *Aletheia* versagende eontische Enthehlung ermittelt jedoch ihre Vollzugsweise nicht auf der Ebene des im einbehaltend beziehenden Ausschwung sich entsendend rückbeschaffenden Er-Wägungswagnisses durch die kerbend vergrabende Schlupfeinsenkung eines uns entträufenden und fugsprengenden Nichts, sondern, einer widerständlichend gestimmten Explikation transzendental, durch Ge-Schicklichkeit zu einer sich verleugnenden oder sich vorenthaltenden Aphairesis seines entisch-ontischen Grundgesetzes im Gewährungsvorbehalt einer die bezeugende Erkenntnis des Seienden zuvörderst einräumend verbürgenden, selbstträchtigen Gewesungsfluktuation, so daß die entfordernd ausmerkende Abschilderung ausschließlich durch die vorblicknünftige Einbildungsmetrik hindurch wesenhaft darbt nach einem die Elimination des Nichts erwirkenden Sturz des sich zum Geschenk reichenden, *eon kath'auto* auf das gewesende Sich durch nichtigen Fug der sich in eine *taoide* Absickerungsrinne einzwingenden Ausblutung des Nichts in den Un-Fug einer entledigend preisgebenden Verabschiedung der sich mit Gewesendem belastenden Instantia.

Da der homogene Verfluß sich ohne unsere tilgungsgefährdete Obhutnahme sich durchspreizend beklammert und gleichwohl in Sorge um sich selbst *sua sponte* vorgetrieben findet in die Klaffe entfernter Nähe des an der Mündung des Da nagenden Gewesensschubes, so vermerkt sich eine der Zuerinnerungsdurft fremde, retentionale Selbstvergegenwärtigung des Seienden, in der die beständigende Gewesenheit mitläufig sich erlesende Bergung genießt, ohne in einem ideationsunterwürfig entwesungsmächtigen Behältnis einer Vergangenheit herunterzuhängen, sondern als subspontan sich beleimende Ge-Schichtung (Struktur) der Zeitquanten bis an das historische Jetzt geschichtet zu sein : Das denkunverdungene Ding erinnert sich an und zu sich selbst. Vergangenheit wird durch eine Gegenwart gemeistert, die nach Bewältigung durch eben jene Vergangenheit ruft. –

Ich danke Ihnen für Ihre Unaufmerksamkeit.

Kurzer Abriss der Menschheitsgeschichte

Jahrmillionen lang lebte die Menschheit in friedlichem Matriarchat. Der Mensch stammt wahrscheinlich nicht von Gott ab, sondern ist vom Affen erschaffen. In der Urzeit lebten unsere Vorfahren in Horden zusammen, um einander besser helfen zu können. Da die Technik wenig entwickelt war, blieben sie den Unbilden der Witterung und Naturkatastrophen ausgesetzt. Aber diese Primitiven, obwohl heute niemand im Ernst mit ihnen tauschen will, waren vielleicht letztlich doch glücklicher als wir, weil sie noch stärker im Einklang mit der Natur lebten, nicht so viele künstliche Bedürfnisse hatten und nicht so verweichlicht waren. Die Menschen starben meist schon im jugendlichen Alter. Deshalb lebten sie in Großfamilien und konnten gar nicht so schnell Kinder zeugen, wie ihnen unter den Händen wegstarben an Hunger und Seuchen. Sie lebten in Höhlen, deren Wände sie schön bemalten, erst als Jäger und Sammler, dann nur als Ackerbauern und Viehzüchter. Um gutes Weideland wurden blutige Kriege geführt, es herrschte Faustrecht, und man ging nicht zimperlich miteinander um. Die Religion hielt die Menschen in Angst und Unwissenheit und in Abhängigkeit von ihren Ausbeutern. Die alten Ägypter bauten für ihre Pharaonen große Grabmäler in die Wüste, die Pyramiden. Sie lebten von der alljährlichen Überschwemmung. Viele ihrer Kunstwerke sind noch heute erhalten, z.B. der Kopf der schönen Königin Nofretete. Die Vertreibung aus dem Paradies begann mit dem Patriarchat.

Auch die antiken Griechen waren ein großes Kulturvolk gewesen. Ihr Ur-Dichter Homer hat den trojanischen Krieg beschrieben und die Fahrten des Odysseus, die in unserer Zeit vielfach verfilmt worden sind. Die Griechen haben die Gymnastik und den Marathonlauf erfunden und schon Sportolympiaden abgehalten. Sie verehrten viele Götter, aber ihr höchster Gott hieß Zeus. Die Spartaner lebten spartanischer als sie, die ein gar sinnenfrohes Völkchen waren. Viele Vasen von ihnen wurden gefunden, und viele heutige Fremdwörter haben noch griechischen Ursprung. Ihre Sitten waren nicht so steif wie unsere, und freie Homosexualität spielte eine viel größere Rolle als bei uns.

Die alten Römer haben die Griechen nachgeahmt und aus Zeus ihren obersten Gott Jupiter gemacht, aus der Liebesgöttin Aphrodite ihre Venus usw. Die Römer hatten viele grausame Kaiser wie Nero, der Rom in Brand steckte. Sie verfolgten die frühen Christen und deren Einfluss beim niederen Volk. Der Römer Tacitus lobte das besetzte Germania, aber das half den Römern nichts : Hermann der Cherusker schlug sie vernichtend im Teutoburger Wald. Aber dann wurde das heidnische Rom der Kaiser zum christlichen Rom der Päpste. Bischof Bonifacius fällte die germanische Donar-Eiche und machte die Germanen aus alten Heiden zu guten Christen. Ob sie damit besser gefahren sind als mit ihrem alten Wotan und Odin, ist noch die Frage.

Unter Karl dem Großen wurden die zersplitterten deutschen Stämme endlich geeint und zu einem deutschen Reich zusammengefasst. Ständig gab es in den folgenden Jahrhunderten Kriege zwischen den weltlichen und den kirchlichen Machthabern, zwischen Kaisern und Päpsten um die Oberhoheit. Langsam verweltlichte die Kirche immer mehr. Als

Habgier und Unzucht ihren Höhepunkt erreicht hatten, schlug Martin Luther seine berühmten Thesen an die Schlosskirche zu Wittenberg. Er verbot den 'Ablasshandel' mit Sünden und führte die Reformation ein — gegen den Papst. Auf der Wartburg übersetzte er die Bibel zum ersten Mal ins Deutsche, damit jeder sich selbst ein Bild machen konnte und nicht länger von Pfaffen und Jesuiten auf Lateinisch belogen werden konnte. Der Norden wurde protestantisch, der Süden blieb katholisch. In der Gegenreformation wehrte sich der Papst vergeblich gegen diese Lutheraner. Nun war das finstere Mittelalter endgültig zu Ende. Die Kirche hatte zu lange jede freie Meinungsäußerung untersagt. Wer nicht parierte, kam unter die Folter der spanischen Inquisition. Hexen wurden öffentlich verbrannt, weil sie angeblich den Teufel im Leibe hatten, und spanische Eroberer hatten mit dem Segen der Kirche und im Namen Christi die Naturvölker in Südamerika grausam ausgeplündert und ausgerottet. Die Reformation setzte die Renaissance fort. In der Renaissance war zum ersten Mal wieder ein freier Geist in Europa aufgekommen, und die Antike wurde wiederentdeckt, die sinnenfrohen Griechen, die noch keine Kirchen kannten. Die Wissenschaften durften wieder die Wirklichkeit frei erforschen, statt von der Theologie bevormundet zu werden.

Aber auch die Reformation war ein Bündnis von Thron und Altar. In den Bauernkriegen unterstützte Luther die Landesfürsten gegen das gemeine Volk. Erst in der Französischen Revolution von 1789 befreite sich das aufgestiegene Bürgertum von Klerus, König und Adel zugleich. Die sogenannte Aufklärung hatte den „Sturm auf die Bastille" geistig vorbereitet. Das Volk erhob sich wie ein Mann, und die Obrigkeit musste Zugeständnisse machen und dann weichen. Der Jakobiner Robespierre hatte Rousseau gelesen und schickte die Konterrevolutionäre auf die Guillotine. Am Ende wurde er selbst geköpft, weil die Revolution ihre Kinder fraß. Auch in Deutschland gab es viele geistige Sympathisanten der Revolution, aber keine praktischen Nachahmer.

Als die Revolutionäre sich gegenseitig verdächtigten und abschlachteten, kam Napoleon, ließ sich zum Kaiser krönen und unterdrückte nun ganz Europa. Er war die Fortsetzung der Revolution mit anderen Mitteln oder ihr Ende. Turnvater Jahn, der Philosoph Fichte und die deutschen Burschenschafter wollten sich die französische Revolutionsbesatzung nicht gefallen lassen und riefen zu einem nationalen Befreiungskampf auf. In der Völkerschlacht bei Leipzig wurde Napoleon damals von den Preußen geschlagen und später nochmals von den Briten.

Danach herrschte wieder in ganz Europa finsterste Reaktion. Die Demokraten wurden nun als Demagogen verfolgt, und viele fortschrittlich gesinnte Dichter und Denker wie Heine und Marx mussten emigrieren vor den Zensurbehörden.

Viele Deutsche sehnten sich zurück nach Friedrich dem Großen, dem aufgeklärten König von Preußen, der die katholischen Habsburger besiegt hatte und aus Preußendeutschland eine militärische Großmacht schuf. Er war ein großer Feldherr gewesen, der Maria Theresia aus Schlesien vertrieben hatte, doch immer ein Freund und Förderer aller Wissenschaften und Künste. Sogar den Aufklärer Voltaire hatte er an den Hof von Potsdam geholt. Aber diese Bedeutung bekam Preußendeutschland erst wieder unter Reichskanzler Bismarck. Er machte das Deutsche Reich preußisch, nachdem die deutsche Revolution 1848 gescheitert war und die Deutschen ihre französischen *Erbfeinde* 1870 vernichtend geschlagen hatten. Die Hoffnungen auf eine liberale Republik erfüllten sich nicht, von den marxistischen Hoffnungen auf eine sozialistische Revolution ganz zu schweigen : Deutschland brachte es nicht einmal zu einer bürgerlichen Revolution, obwohl viele bedeutende Dichter und Denker sich für grundlegende Umwälzungen ausgesprochen hatten.

Das deutsche Bürgertum profitierte lieber von der industriellen Revolution. Unter Kaiser Wilhelm kamen die *Gründerjahre* mit ihren fetten Profiten. Auch Deutschland sollte Weltmacht werden und herrlichen Zeiten entgegengehen. Die preußischen Junker und das Militär unterdrückten das Volk, Deutschland zettelte den Ersten Weltkrieg an und verlor ihn dann in den verlustreichen *Materialschlachten* von Verdun. Die Monarchie war endgültig zu Ende. 1917 brach dann in Russland die *Große Oktoberrevolution* aus unter Führung des Bolschewisten Lenin, von Preußen gefördert, und auch in Deutschland gab es gleich nach Kriegsende für kurze Zeit so etwas wie eine kommunistische Räterepublik und einen roten *Spartakusaufstand*. Aber diese sozialistische Revolution wurde blutig niedergeschlagen, ihre Führer Rosa Luxemburg und Karl Liebknecht ermordet. Wenigstens musste Kaiser Wilhelm abdanken, und der Sozialdemokrat Friedrich Ebert wurde der allererste Reichspräsident der Weimarer Republik. Deutschland musste nun den *Versailler Knebelvertrag* unterschreiben und wurde zu harten Entschädigungszahlungen von allen vier Alliierten Siegermächten verurteilt. Einen richtigen Friedensvertrag mit ihnen gibt es noch immer nicht. Der Rest bis heute ist bekannt.

Vortrag eines orthodoxen Alt-Freudianers

Sehr geehrte Damen und Herren!

Wenn das phallische Ich, wie um sich zu beweisen, daß es kein Kastrat ist und keine Kastration zu fürchten hat, auf die Natur losstürmt, um ihr zu demonstrieren, daß sie kastriert sei, und sie ständig neu kastriert, dann kann dieser Akt aggressiver Bemeisterung nur dann angstfrei gelingen, wenn nur einladende und nicht einschüchternde Imagines auf die Natur projiziert werden und die Projektion gefährlicher Phantasien auf sie unterbleibt. Die Natur muß aufgefaßt und angegangen werden, als ließe sich ihre Kastration ständig ungestraft wiederholen.

Der rächende Penis Gottvaters und seiner säkularen Erben muss aus ihren lockenden Abgründen und Höhlenöffnungen wegphantasiert sein, der Tüchtige muß sicher sein, daß die Bahn letztlich frei ist. Mutter Natur darf keine phallische Eigenpotenz haben oder den kastrierenden väterlichen Phallus beherbergen, der den in ihre Geheimnisse eindringenden Erdensohn nur zerquetschen könnte. Sie ist so zuzurichten, daß sie nichts als noch phallisch unbesetzte, nährende und wärmende, spendende Uterushöhle ist, angefüllt mit gutwilligen und gutmütigen Objekten, bewacht von gar keinem anderen Zerberus als einer lachhaften, pseudophallischen Klitoris, deren Kastration bei jedem „erkennenden" und ausbeutenden Introitionsakt gefahrlos erneuert werden kann. Die kastrierende Imago dieser kastrierten Mutter Natur muß unterdrückt und verdrängt bleiben, um Angst- und Schuldgefühle abgewehrt zu halten, und welche Frau kastriert ihre Kinder denn mehr als die, welche selbst kastriert gehalten wird, indem sie die erlittene Schmach an nächst hilflosere Wesen weitergibt.

Ihr possessiver Sphinktersadismus gibt den neugierig eindringenden Menschen wie die einbehaltene Kotsäule nicht wieder frei, ihr oral-kaptativer Sadismus als *„venus dentata"* hält ihn zwischen den Zähnen fest als phantasierte Reaktion darauf, daß das beißende Kind die entwöhnende Mutterbrust zur Strafe zerstückeln will. Wenn es aber stimmt, daß die ödipalen Triebkonflikte zunehmend die Tendenz zeigen, eher narzißtisch-depressiven Störungsbildern zu weichen, dann verändert sich, wenn Philosophie ihre in Gedanken erfaßte Zeit ist, auch philosophisch die "Stellung des Gedankens zur Objektivität" (Hegel). Wenn es immer mehr Männer gar nicht mehr zu klarer ödipaler Problematik bringen und bereits prä-ödipal skotomisieren, dann verliert auch die phallische Rationalität und Kastrationalität als Instrument der Naturbeherrschung ihren ödipalen Wert. „Auf dem Wege zur vaterlosen Gesellschaft" ohnmächtiger Angestellter arbeitet sich das Ich des Sohnes nicht länger an einer starken, verbietenden Instanz ab, um sie frustrationstolerant schließlich als post-ödipales Ich-Ideal zu internalisieren, sondern zieht es vor, unter den Rock degenitalisierter Mutter-Imagines zu kriechen, um in der vorgezogenen Adoleszenz dann unvorbereitet und resistenzlos mit den re-externalisierten Überichbildern der sozialen Anonymgewalten konfrontiert zu werden, denen es autoritätshörig erliegt. Da die libidinöse Komponente sich nicht auf die Mutter wie die aggressive auf den Vater verteilt, behält die Mutterimago ihre verwirrende Ambivalenz und konfuse Ambiguität, ihre gleichzeitig drohende wie lockende Omnipotenz, *oral* als nutritiv gewährende und versagende Brust, *anal* als Herrscherin über ihre eifersüchtig retendierenden Schließmuskeln und ihr Inneres, zu dem der kannibalisch inkorporierte Leib des Kindes zählt, und *phallisch* als Aufbewahrungsort des allmächtigen väterliche Gliedes. Das Kind bleibt an ihr kleben in narzißtischer Symbiose, als ihre Kotsäule und ihr Penis.

Der Schwitzkastengriff dieses urmütterlichen Kloakalschließmuskels ist viel mächtiger als die sadistische Penetrationsfähigkeit des narzißtisch kränkend kleinen Penis. Und der Sohn legt sich ante portas zur Milch- und Honigruhe, von keinem Vater gezwungen, in der reaktiv idealisierten Omnipotenz des väterlichen Penis ein Ich-Ideal zu interiorisieren. So verkümmert der Penis des kleinen Ödipus zur weiblichen Klitoris, die sich an keinem männlichen Leitbild mehr aufrichtet. Omnipotenzphantasien entzünden sich eher noch regressiv an der Symbiose mit der *phallischen Mutter* als an der Aneignung des väterlichen Penis im Herzen des Übe-Ich, das die Züge des mütterlichen präinzestuösen Liebesobjekts annimmt. Dabei ist allerdings die homosexualisierende Identifikation mit dieser Mutter verwehrt auf Grund ihrer unverminderten Ambivalenz. So will jeder Sohn der schöne, mächtige Phallus *sein,* den er nicht *hat* und nicht zu rauben wagt. Diese Jugendlichen finden sich kastriert, bevor je ein Vater sie mit Kastration bedrohte. Es sind wirklich jene kastrierten Männer, die in allen Frauen die unkastrierten Wesen sehen, von denen sie wenig mehr trennt, als daß hinter dem kastrativ klitoridalisierten Penis kein vaginaler Introitus mehr kommt. Entdeckt das junge Mädchen, daß es nur eine Klitoris hat, also kastriert ist, wendet es sich seinem Vater zu, idealisiert seinen Penis und haßt und verachtet jene Mutter, die ihr kein Glied mit auf die Welt gegeben hat wie dem Knaben und überdies den väterlichen Phallus unerreichbar eifersüchtig in den Tiefen ihres Fleisches hütet. Da sie sich als schon kastriert empfindet, hat sie anders als ihr Bruder die Kastration durch die inzestverbietende Mutter gar nicht mehr zu fürchten, also keinen Grund, den Vater als neues Liebesobjekt aufzugeben. Da sie als „*virgo intacta*" ihre Vagina nicht entdeckt hat, wünscht sie sich vom Vater den Penis, der ihr von der Mutter verweigert wurde, wünscht ihn auch als die bessere Mutterbrust, der sie entwöhnt wird, und den Samen des Vaters fellativ als bessere Muttermilch. Keine Kastrationsdrohung, nur noch die Versagung und Enttäuschung durch einen sadistischen oder an die Mutter vergebenen Vater, können das kleine Mädchen jetzt noch abhalten, sich vom Vater den vorenthaltenen Penis zu erhoffen. Laut Freud entdeckt es seine Vagina erst mit der Penetration durch den Penis. Gegen Freud hat Melanie Klein darauf bestanden, daß nicht nur der Knabe eine Kastration durch den väterlichen *razor rationalis* fürchtet, sondern auch das Mädchen einen mütterlichen Vergeltungsschlag auf ihr Körperinneres. Außer einer Angst vor Zerstörung seines unsichtbar Inneren durch den als überproportioniert phantasierten väterlichen Phallus stehen der rollengebotenen Identifikation mit der Mutter, wenn diese in der Urszene als penisverschlingende Kastrantin geträumt wird, massive inzestuöse Schuldgefühle entgegen, die Wiedergutmachungsversuche am später inkorporierten Penis des Geliebten zur Folge haben können: Ein Keim aller karitativ-restaurativen Ambitionen der Frau. Die Identifikation mit der eigenen Mutter wird von der Tochter also nicht nur als schuldbeladene ödipale Anmaßung gefürchtet, sondern auch in Angst um sich selbst.

Wenn man schon keinen Penis haben kann, gibt es *nur* ein Mittel, sich vor dem zudringlichen Eindringen des väterlichen Penis zu schützen : selbst der Penis zu s e i n, an der der männliche abprallt, ihn mit Frigidität zu strafen und also zu kastrieren. Dieser spezifisch weibliche klitoriale Narzißmus ist Flucht der Frau vor dem ihr angesonnenen Masochismus, Flucht vor dem libidinös besetzenden Akzeptieren der Vulva, durch die hindurch das Leibesinnerste vom externen Penis des Mannes bedroht ist, Flucht auch vor der Aggressivität der eigenen *vagina dentata*, also Abwehr aller schuldhaft anal-sadistischen, auch oral-kaptativen Komponente der eigenen Vaginafunktion, ihrer kastriert-kastrierenden Destruktivitätsimago.

Wenn es wahr ist, daß die Geschlechter sich einander angleichen, dann ist die Frau dabei, ihre verdrängten analsadistischen Triebe zunehmend zu integrieren in ihren exhibitionistischen Narzißmus, während der Mann seinen verdrängten Narzißmus in analsadistische Aggressivität einzubauen hat. Wenn es aber ebenso wahr ist, daß weniger die Frau männlicher und der Mann weiblicher wird als vielmehr die Gesellschaft überhaupt sich tendenziell homosexualisiert, dann geht der neue Unisex eher in Richtung auf phallischen Narzißmus. Dafür sprechen die narzißtisch-depressiven Charakterstörungen und die Suchtpräferenzen, die ja jede klassische, hysterisch-zwangsneurotische Symptomatik abgelöst haben.

Jeder will der glänzende Phallus *sein*, den er nicht *hat* und haben will und der ambivalenten Vater-Mutter-Mixtur jeder Umwelt-Imago nicht abzutrotzen wagt. Jeder will ja so akzeptiert, geliebt, begehrt und bewundert werden, wie er selbst außerstande ist zu lieben. Beide, Mann wie Frau, wollen der große glänzende Penis *sein*, den sie sich nicht anzueignen wagen und dessen Destruktivität sie perhorreszieren *und* in der Bevorzugung des Irrationalismus abwerten. Aber es scheint der kleine Unterschied mit seinen großen Folgen sich zu verlagern auf den Unterschied, ob die Frau einen Phallus hat, der von ihr wegsteht in die vaginal phantasierte Umwelt hinein (als stechendes Messer oder schutzsuchendes Kleinkind), oder einen Phallus, der unterschlüpfend oder stechend in sie hineinsteht, und aus dem sie ein Kind machen kann nach dem Vorbild der Mutter. Mutter werden heißt ja auch, aus dem Gatten und seinem Penis jenes Kind machen, das die Frau einst vor ihrer eigenen Mutter war. Ist Meta-Physik vielleicht auch deshalb nicht länger gefragt, weil im übersinnlichen Über-Ich das Ich-Ideal des idealisierten väterlichen Penis als Macho entwertet ist? Die unsterblichen Ideen, die der Mutternaturverfallenheit entheben sollten, alles Transzendente, über die Mater-ie Hinauszielende, wurde Instrument ihrer Beherrschung und zu Naturgesetzen säkularisiert, die in den Dienst pragmatistischer Zielprojekte gezwungen wurden. „Gott ist tot", es lebe Sein Phallus! Auf diesen, dem ermordeten Vater abgenommenen, abstrakten Phall wurden erneut die Imagines der übermächtig feindseligen, weil prä-ödipal und inzestuös versagenden Mutter Natur projiziert. Die nun oral, anal und phallisch omnipotente archaische Mutter steht als *zweite Natur* der technokratischen Phallizität wieder auf. In Gestalt der soziotechnischen Gewalten verschmilzt die phallisch-destruktive mit der kloakal-absorbierenden Imago von Vater und Mutter zur *Virago* der „verwalteten Welt".

Die Physik wird als Naturwissenschaft ihre eigene Metaphysik, die Immanenz zu ihrer eigenen Transzendenz : kein Sichübersteigen des Sohnes mehr in Richtung auf den Vater, sondern eine *Suszendenz* zurück zu den Müttern, der *zweiten Natur*. Jeder fühlt sich als immer neu kastrierte Klitoris im gorgonischen Angesicht der Phallokratie einer allmächtigen zweiten Mutter Natur. Denn was anderes machte die Mutter in den Augen des Mädchens wie des Sohnes so mächtig als der von ihr in der Urszene verschlungene Vaterpenis und ihre analpossessive Fähigkeit, ihn festzuhalten wie das Kind und als das Kind, das sich nicht von ihr befreien kann? Es kommt aufs Gleiche hinaus, ob der Erdensohn erdrückt wird vom rächenden Vater oder von der allmächtigen Mutter, also verschmelzen beide zur Allmacht. Er holt sich nur noch seinen herunter auf den Teppich des krud Bestehenden, wie Volker Elis Pilgrim in "Der selbstbefriedigte Mensch" zeigte.

Begreifen heißt identifizieren, dingfest machen. Der Allgemeinbegriff vergleicht Sonderfälle auf Gemeinsamkeiten hin, greift sich an sinnlicher Mannigfaltigkeit das Identische heraus, reduziert Vielheit auf Einheit, subsumiert die Verschiedenheit der Objekte unter die Selbstidentität des herrschwütigen Subjekts, kastriert die Besonderheit des Individuellen. Auf dem Grunde der neuzeitlichen Vernunft, dem naturbeherrschenden Prinzip des technokratischen Geistes, entdeckte Adorno die Vorherrschaft der Logik des Identitätsprinzips: Um von der übermächtigen Natur nicht gezwungen zu sein, sich ihrem Willen anzupassen, nötigt der Geist die Natur, der er entstammt, sich ihm unterwerfend anzugleichen, aus Abwehr seiner tödlichen Naturverfallenheit. Das Ich frißt das Nicht-Ich, um nicht von ihm gefressen zu werden. Sein Bemächtigungstrieb motiviert sich aus paranoischer Projektion eigener Aggression auf das Nicht-Ich. Der widerständige Gegenstand verschwindet im Magen der gefräßigen Subjektivität, wird geschluckt und verdaut, in die eigene Substanz überführt, getötet.

Darin ist der selbstherrliche Geist laut Adorno selbst ein Stück jener blind grausamen Natur, die er unter sich bringt und sich gleichmacht, Der etymologische Hintergrund von „Geist" hat weniger zu tun mit Atem und Hauch als mit: erregt, ergriffen, entsetzt, aufgebracht, zornig, lebhaft bewegt, außer sich sein. In seiner großen und psychophysischen Hilflosigkeit steht das Kleinkind vor der Mutter wie das erwachsene Menschenkind vor Mutter Natur, phantasmagorisch betrachtet. Gegen das narzißtisch kränkende Gefühl grundlegender Ohnmacht und Angewiesenheit hilft dem männlichen Kind nur die zusammen mit der Mutter betriebene Idealisierung seines Penis, den sie nicht hat. Das phallische Gegengewicht gegen die erdrückende Übermacht der frühen alimentären Mutter ist notwendige Durchgangsphase in der psychosexuellen Entwicklung des Sohnes in Richtung auf Autonomie und Unabhängigkeit von frühmütterlicher Omnipotenz. Nur übermäßige Kastrationsangst vor dem triangulierenden Vater wird eine perverse Fixierung auf phallischen Stolz bewirken: Aus Angst, im Penis das Gegengewicht zur phallischen Mutter zu verlieren, verzichtet der Sohn auf dessen genital heterosexuellen Gebrauch und zieht es vor, selbst jene Frau zu sein, die er damit nicht zu penetrieren wagt, weil er in ihr auf den kastrierenden Phallus des Vaters zu treffen fürchtet. Legiert sich diese homosexuelle Fixierung mit dem analsadistischen Abgrenzungs- und Bemächtigungswillen, aus der Identifizierung mit der kloakalen Aggressivität und Omnipotenz der archaischen Mutterimago heraus, wird die Anknüpfung frei ans naturbeherrschende Prinzip der technokratischen Rationalität, die das Ganzandere (Geschlecht) ihrer Objekte nicht gelten lassen kann und nicht ruht, bis sie die Welt sich gleich gemacht hat, also nur noch mit ihresgleichen verkehrt. Adorno hat ausdrücklich hingewiesen auf die Affinität dieses totalitär identifizierenden

Geistes und der Homosexualität, die paranoisch das „Ganz-Andere" (Geschlecht) nicht erträgt, das sie doch in sich hat und weil sie es in sich hat. Dieser *Homo* ist selbst das Andere (Geschlecht), auf das er sich nicht *erkennend* richtet, er ist selbst der heterologische Gegenstand, den er nicht hat. Die *reine*, anal gesäuberte Männlichkeit und die 'reine' Weiblichkeit sind identisch, keines ist das andere für das andere. Der reine Mann-an-sich hält genital an sich, hält sich an seinesgleichen (fest), aus reaktivierter Abwehrangst des kleinen Jungen vor seiner frühen Mutter, Identifikat mit dem paranoid phantasierten Aggressor.

Homosophische B-analität contra paternal-familialer Triangulierung des Subjekt-Objekt-Dualismus (der Mutter-Kind-Zweieinheit, einer primärnarzißtischen IndiviDualisierung) durch Gottvater : Das ist das mittelalterliche *trivium* von Logik, Ethik, Ästhetik.

Ich danke Ihnen für Ihre Unaufmerksamkeit.

+ + +

Weiterführendes vom Autor

„Martin Heidegger –
Versuch einer Psychoanalyse seines *Seyns"*, 1993

„Die Irren sind auch nicht mehr die einzig Normalen"
(Erzählungen), 1997

„Auch der Eskimo klebt an seiner Eisscholle"
(Geschichten und Virtuosenstücke), 1998

„Am schnellsten vermehrt sich die Unfruchtbarkeit –
Essays zur Multi-Kulturlosigkeit"
(Rückblick auf das 21. Jahrhundert), 1998

„Dein Leben hat Sinn – für deine Ausbeuter",
Ein aphoristisches Gesellschaftssystem, 2016

„Objektivität durch Subjektivität oder umgekehrt? –
*Phänomenologischer Entwurf
einer dekonstruierten Erkenntnistheorie",* 1999

„Nur in der Fremde fühle ich Fernweh"
(Idyllischer Roman), 2000

„Künste und Wissenschaften als verlorene Paradiese –
Essays zur Bedeutung der Kultur-Idyllen", 2000

„Der Mensch ist, was er verg-isst /
Kosmostheorie oder Gemeinschaftspraxis", 2007

„Philosophische Formelsammlung :
*Ambivalente Gedankenexperimente und nachsokratische
Fragmente",* Verlag Königshausen & Neumann, 2012

„Gedankenlesen : Hirnforschung ohne Computertomographen – *Philosophie zwischen Wissenschaft, Kunst und Religion",* DWV Deutscher Wissenschafts-Verlag, 2013

„Die Liebhaber der Sophie –
Philosophiegeschichte in Philosophengeschichten", 2013

„Aphorismen zur Zeitaltersweisheit –
Kopfverdreher, Kopfzerbrecher", 2014

„Ist *Philosophical Correctness* eine Kommunikationswissenschaft? *Versuch über moderne Versuchungen",*
2015

„Die längste Leine trägt die Freiheit –
Faule Zaubersprüche", 2015

„Quanten, Quarks und Strings im Kopf –
Eintausend neue Aphorismen", 2015

„Die meisten Aufrechten sind unter Gefallenen /
Dumme Sprüche, alte Spiele", 2015

„An sein Innerstes erinnert sich keiner –
Nicht ganz dichte Gedichte", 2015

„Zur Tiefenpsychologie der Philosophiegeschichte : *Kurze Geschichte der unbewussten Weltanschauungen*", 2015

„Mann und Frau befreien sich – voneinander /
Geschlechterkrieg oder Klassenkampf?", 2015

„Zur Dialektik und Phänomenologie
der Natur- und Kultur-Idyllen", 2015

„Wer gut abschneidet, kastriert –
Zurück zur frühromantischen Magie?", 2015

„Fertig machen dich deine Fertigkeiten –
Aphoristische Idyllen", 2017

„Esprit und Geisteswissenschaften – *Wechselwirkungen zwischen Kunst, Philosophie und Psychologie*", 2016

„Fürchte den, der dich fürchtet – Hundert Jahre DADA", *Zwergrätsel zu Spottpreisungen*, 2016

„Mit einem Satz ins Freie – *Reflexionen, Urteile und Sentenzen*", 2. überarbeitete Auflage, 2016

„Kurz und klein – klein, aber fein", *Aphorismen*, 2016

„Gewinner heißen Spielverderber", *Aphorismen*", 2016

„Sei zu klein, um zu herrschen, und zu groß, um beherrscht zu werden – *Dogmatische Aphorismen*", 2016

„Schlafmützen nennen uns Träumer – *Lumpenproletarische Sprüche*", 2017

„Zwergrätsel, Satiren und Zwickmühlen – Auswahl von Aphorismen", 2017

„Philosophische Überlegungen in psychologischen Auslegungen – *Bauchgedanken und Kopfgefühle :* Wenn die Seele auf den Geist geht", 2017

„Verteidigung des Elfenbeinturms – *Große Sprüche, wieder nur Widerspruch*", 2017

Empfohlene Aphorismenbände

„Der Mensch ist, was er verg-isst / *Kosmostheorie gegen Gemeinschaftspraxis*", 2007

"Philosophische Formelsammlung – *Ambivalente Gedankenexperimente und nachsokratische Fragmente*", 2012

„Aphorismen zur Zeitaltersweisheit – *Kopfverdreher, Kopfzerbrecher*", 2014

„Mit einem Satz ins Freie – *Reflexionen, Urteile und Sentenzen*", 2016

„Zwergrätsel, Satiren und Zwickmühlen – *Auswahl von Aphorismen*", 2017